ZUOWEN XIAOJIANG

作文小讲

张彩红　著

中国海洋大学出版社

·青岛·

图书在版编目（CIP）数据

作文小讲 / 张彩红著. —青岛：中国海洋大学出版社，2021. 12

ISBN 978-7-5670-3034-3

Ⅰ. ①作… Ⅱ. ①张… Ⅲ. ①作文课－中学－教学参考资料 Ⅳ. ①G634. 343

中国版本图书馆 CIP 数据核字（2021）第 246491 号

出版发行	中国海洋大学出版社			
社　　址	青岛市香港东路 23 号		邮政编码	266071
出 版 人	杨立敏			
网　　址	http：//pub. ouc. edu. cn			
电子信箱	cbsebs@ouc. edu. cn			
订购电话	0532—82032573（传真）			
责任编辑	孙宇菲		电　　话	0532—85902469
印　　制	青岛国彩印刷股份有限公司			
版　　次	2021 年 12 月第 1 版			
印　　次	2021 年 12 月第 1 次印刷			
成品尺寸	148 mm×210 mm			
印　　张	7. 5			
字　　数	161 千			
定　　价	45. 00 元			

发现印装质量问题，请致电 0532—58700166，由印刷厂负责调换。

目 录
Contents

第一讲　观察感受

作文需要素材，素材源自生活。搜集能够成为作文材料的素材，首要的途径便是观察。

观察是什么？就是运用感觉作为必要的生理器官，对外部的客观存在，包括事物、现象等进行仔细察看。其主要目的在于获取外界信息。

观察的理解可以有多个角度。

从感觉器官的介入来说，通过视觉观看是观察过程中运用最广泛的观察。除此之外，听觉、触觉、味觉、嗅觉等感官参与捕捉信息的过程，也是观察。以视觉为主，多器官参与、多感觉相融形成的综合感知，是进行观察和形成观察力的重要基础。

从目的性的层面看，观察一般具有较强的计划性与方向性。无目的的、游移性的、一刹那间的感知，严格来说不能归入观察范围。

从时间的持续性看，有一以贯之的连续观察，也有分时分段的片段观察。

当然，主动能动、持之以恒，更是行为主体参与层面进行观察的必要视角。

除此之外，还可以从不同体裁创作时的题材要求等其他角度，对观察进行多维度的理解。

可以说，观察是人们认识客观世界、获取知识信息的一个重要途径。诺贝尔生理学与医学奖获得者巴甫洛夫把"观察、观察、再观察"作为座右铭。无论是在自然科学领域还是人文社科领域，不管是开展科学研究还是进行文学创作，观察都是第一美德。

观察就会产生感受。感受侧重内在心理活动，是基于客观外界事物的影响作用而产生的。观察和感受密不可分。一方面，两者都以人的感官这一必要的生理条件作为物理基础；另一方面又存在差别：观察重在外界信息获取，感受则重在内在心理活动，观察是感受的基础和前提，感受不能脱离观察。

对于作文而言，观察和感受缺一不可。

作为写作主体，要想积累丰富素材，就要从多个方面着力。首先便是要积极仔细观察生活。

积极仔细就是全方位打开感官的触角，深入洞察，在摄取外界信息的过程中，保持足够的敏感性，以获得对观察对象的深刻印象，并把这种敏感性与内心的情感体验建立起联系通道。在《文章修养》一书中，唐弢先生写道：

"在我们的社会里，有许多事物，我们天天看惯，十分平凡，自以为很能懂得了，其实是并未深思，算不得怎样熟悉的。譬如吧，我们天天说话，却很少有人曾经注意到自己的语调；说话的当儿时时装手势，也很少有人能够记住自己的举止；不但对于日用品如电灯热水瓶之类，未必全能懂得其构造，就是闭拢眼睛，再来想一想自己最亲热的朋友的脸孔，也不免于模模糊糊，记不出什么特点来了。这就因为平时不曾仔细观察，还没有取得深刻的印象的缘故。

"要使题材丰富，我们必须细心地观察事物，把所得的结果记下来：人物的性格，风貌，举止；事件的起因，经过，影响；自己的感想，意见，心得；乃至一个单字，一句土话，一串生动的句子，一些不常见的词汇等等。"①

积极仔细的观察对丰富写作素材的作用由此可见。

其次要能动深入地观察生活。

能动深入观察是观察主体对外在世界的主动融入，是主体俯身进入生活的一种活跃状态，存在着较为清晰的方向感和较为明确的目的性，旨在将对外物的观察深化为内心情感上的体验。能动与深入对应支撑，二者都强调观察时对生活的身心投入，摒弃心不在焉、目闭色盲、音哑声无，拒绝关闭感官与外界连通的触角。更应避免的是，对客观存在的视而不见、听而不闻，对内心世界的共鸣碰撞、情感潮流，浑然不知，听之任之，或默然拒之。果真如此的话，自然就与能动深入观察的距离越来越远了。为了获得深入、正确的写作素材，"另一个作家巴尔札克（今写作'巴尔扎克'）说道：'在我，观察甚至于成了直觉，他不会忽视肉体，而且更进一步，他会透进灵魂。'究竟用什么方法来透进灵魂呢？因为要去调查平民的性格和生活，他就穿着工人的服装，混在群众的队伍里，显出漠不关心的样子，使他们不加提防，一面却留心他们散工后的闲

---

① 唐弢. 文章修养［M］. 郑州：文心出版社，2019：95-96.

谈，看戏回来时的夫妻之间的私语：家务的盘算，工钱的支配。他浸沉于这些琐碎的扳谈（今写作'攀谈'）里，他说：'当我谛听这些人的谈话的时候，我能够深入他们的生活；我觉得他们的褴褛披在我的身上，我的脚穿了他们的破的皮鞋走路；他们的欲望，他们的需要——一切都渗入了我的灵魂，或者是，我的灵魂渗入了他们的。这是一个清醒的人的梦。我和他们一同忿恨那暴虐的工头，那欠债不还，使他们反复奔走的坏蛋主顾。摆脱了自己的习惯，由于正义之感的一种陶醉使我变成了自己以外的另一种人，而且任情的弄这玩意——这构成了我的迷幻。'这迷幻通过巴尔札克的作品，终于也陶醉了他的所有的读者们了。"①

巴尔札克可以说是抓住了观察方法的核心。

再次要用心感受生活。

感受是一种心理活动，是由外部客观事物的影响而产生的一种心理反应。用心感受，则能从小微见大端，从细流思河海，从细壤至泰山，从众庶到王者，能从小处景观、细微事件、丝缕心绪中产生某种感受。这看似不经意、不起眼的"某种感受"，往往就造就了写作的契机，打开了写作的思绪。可是，用心感受不是自然而然、先知先觉的，是需要训练和培养的。注意培养感受生活的意识相当重要。目之所及能捕捉特点，听之所及能辨音识腔，嗅之所及能吸香闻臭，触之所及能觉暖知冷，乃至多种感官参与形成的综合感受，都需要通过不断的有意练习，使感官能够更加敏捷、准确地对来自外部的刺

---

① 唐弢. 文章修养 [M]. 郑州：文心出版社，2019：93-94.

激做出适时、灵敏的反应。尽管初始形成的感受可能是粗疏的、蒙昧的、片断的、混沌的，但仍然很重要。在最初形成的感受基础上，学会对感受到的景象、事件、情感进行辨析提升，是作文时要具备的基本能力。

最后还要倾注情感。

只有做多情之人，才能善于观察、善于感受，才能将外在外物与内在情感连接起来，内心产生鲜明生动、印象深刻、新颖独特的感受。而这也正是把专属自我集合内的积极、能动的观察与用心、多情的感受结合起来，落实到写作中的最重要基点。因为，作文就是要写出自己独特的内心感受，抒写自己独一无二的内心世界，记录自己的个性化体验，表达自己浓烈的、主观的、深刻的、不可替代的感情世界。

实际上，在作文的过程中，因睹物、见景、思人、历事等引起了内在思想情绪的变化，拨动了情感与心灵的心弦，因而有所感受、有所领悟，是较为常见的。下面就着重从对景、物、人、事的感受中简单谈谈用心感受在作文时的具体表现。

一、观景而感

山川河流，荒漠绿洲，大自然的万千景象为写作提供了丰富的素材。在游历风景一饱眼福的时候，那些秀丽、壮阔、渺远、险峻的景色总能让观赏之人情思满怀。这时，风景的特色个性与观者的内心情感产生了呼应，幽闭着的心灵角落因为景物的感染而打开了一扇阳光之门，景色的情调滋润着心灵的原野，使写作主体由景之自然意趣悟出其风骨与气质，由景之靓丽清新悟出其恬然闲适，由景之险峻清朗感其孤清高傲，这时的感悟就是因景而起，体验以景而生。

《想念紫藤花》一文先对紫藤花流淌的绿叶和泼天似的紫藤花做了生动的描写，之后，便开始了一番自我感悟。

"这是会笑会嚷嚷的花，这是惯了金樽对月的花，你看她拼了一生沉醉，也要将这花色氤氲到整个春天里。

"她无意争春，舍了枝头风光，欣欣然便伏在地上了。每每花瓣零落如雨，也只是随风。一场冷雨下来，便有了一条紫色的小径。太阳露了头，不知不觉的，她们就去了那不知名的所在了，便是死也好，她可都是年轻没心机的。纵然桃浓李艳，若没了紫藤，春天也少了一份蛮劲儿。

"紫藤花，原本是校园里的花；紫藤花，原本就绽开着少年的故事。我怕我忘却了少年，如同忘却了阳光的颜色；忘却了怎样的人间，又有着怎样一个小小的我；忘却了怎样从冰雪中走过，怎样等待着春日里的喷薄。紫藤花已闪烁一个又一个季节，而我，我要活着，我要开花。"

由紫藤花的绽放想到了少年的故事，想到了少年的追求。紫藤花"拼了一生沉醉，也要将花色氤氲到整个春天里"，而"我要活着，我要开花"。紫藤花的特色个性与写作者的内心情感发生了强烈的共鸣，青春季节的人生追求与个性张扬，和紫藤花那"年轻没心机"的绽放何其相似！这样，就在景与"我"之间找到了一个契合点，独特的感受产生了。

因而，感情的张力和顺延是自然的，生发出的感悟与思考就是文意的自然延伸，而不显得生硬呆板。

二、因物而悟

如果以一双红尘之眼，欣赏山之巍峨高拔，水之潺潺涓涓，木之翁郁葱茏，花之姹紫嫣红，那仅见山是山，见水是水，见木为木，见花为花；但若以一双慧眼，一颗善感多思之心，观山、水、木、花等物，则能从"一川烟草，满城风絮，梅子黄时雨"中体验出"闲愁都几许"，从"自在飞花，无边丝雨"中却吟出"轻似梦，细如愁"，从"绿杨影里，海棠亭畔，红杏梢头""唤春愁"。之所以如此，是因人有七情六欲，生有盛衰荣辱，怀有壮志难酬，自会慷慨悲歌。"不以物喜，不以己悲"毕竟是一种很难达到的境界。于是，在睹物时思怀、追忆、吟唱、遐想，有了这样那样的感悟就是自然的了。这时，物的自然品性中注入了人的主观情思，感情的喜悦、昂扬、忧伤、低靡，借物得以抒发，物是人的思想情感的底片，成了人格化的一种预示。

请看《紫魂》一文中的片段。

"当紫砂壶中升起袅袅茶香，经过烈火煅炼而此刻居于竹篱茅舍的紫砂壶便透出隐者之风。这是大喜大悲之后的达观超然，大起大落之后的淡淡笑颜。隐者峨冠博带，须发飘然，而在这闲适中仍有一份飘逸，同茶叶苦涩中的清香极为契合，互相生发，彼此引为知己。

"在帝王之气和隐者之风之外，紫砂壶是入世的，人间的。它的胸怀在于深知人类的浅陋而常怀悲悯，同情人类的鄙俗而舍身与人相糅，高度的自尊导致无边的宽厚。它进入寻常百姓的生活，无言地释放灵魂中的雅韵，默默地给人以熏陶和启迪。真正的智者永远不是高高在上的，而是谦逊的，平和质朴的。真正的启迪也不是声嘶力竭的，而是幽微的，不绝如缕的。紫砂希望以自己柔润的光泽、沉着的气度以及炫目的神圣之光，荡涤尘世之中的喧嚣与纷争。那高贵的紫魂让人心颤、深思、顿悟。"

紫砂壶，本是日常器具，乡居用品，是无生命的死物，而在作者的心灵与紫砂壶的对话中，紫砂壶是风流的，高雅的，大有名士之态，非凡夫俗子所能企及。对紫砂壶进行人格化的喻示和感悟之后，文章获得了深刻的意蕴，使人久久品味，难以忘怀。

而《深圳漫笔》一文《笔架山的湿地松》一节中，作者也用了由外及内、由景物及心灵、由观赏至感悟的情感迁移过程。

"每当我登上笔架山，目光总要投向山南坡那片湿地松。

"立身正直，笔直笔直地生长着，是它的品性。园工告诉我：湿地松在幼小时期，也大小不一，高低不齐。栽种三年两载，大树苗挺拔向上，小树苗奋起直追，齐刷刷地推着碧绿的涟漪，逐着明媚的阳光，苗壮成长。《辞海》亦称：湿地松，常绿乔木，高可达 36 米，树干通直，耐朽力强，可作建筑、桥梁用材。

"它们是大地的骄子。在母亲乳汁哺育下，棵棵湿地松都'干云雾而上达，状亭亭而苔苔'。然而，它并不恃其高而浓阴蔽日，独霸蓝天。它枝稀而不蔓，叶疏而不阔，不妨碍其他草本、木本植物浴雨露阳光。有这种群体关爱精神，周围生长的玉兰花如珠似玉，唐菖蒲花开如伞，连锯齿草也溢绿吐翠，生气盎然。

"奋力向上，不欺弱小谓之正；表里如一，指天誓日谓之直。人正直，走天下；树正直，成栋梁，湿地松可效可仿。"

对湿地松的生态习性、树木特征、材料用途，作者可谓不遗余墨。又参考《辞海》的注释，对湿地松的介绍更是达到了清晰无比的程度。如此作结，文章亦是完整的。但是，接下来，作者从湿地松的植物学特征感悟到了它所具有的人格上的品质，因而悟出湿地松"奋力向上，不欺弱小谓之正；表里如一，指天誓日谓之直。人正直，走天下；树正直，成栋梁"的高洁品质。不读前文，你断然觉察不到作者写的是一种松树，这分明是一种做人的原则。可是，正因有了对湿地松的详细介绍，这时的感悟才不是空穴来风。

三、人事感受

事情的发生总会有人的参与，因此，对人、事的感悟思考通常是合而为一的，对人与事而引起的独有感触、感受，往往会同时提升写作者和文章的境界。

在一篇题为《青春虚荣症》的作文中，小作者先叙述了一次乘车经历：

"那次乘车去学校，邻座一位挺上相的小伙子正沉浸在'还我自信推销人格完美形象'的演讲氛围中。当然他的忠实听众不是我，而是前排的两个漂亮女孩。奇就奇在那两个女孩越是听得入神，小伙子就越是话题无穷，到后来简直是在那里吹牛了。明显的破绽有两处，一是他提到的那位和他在一起长大的女孩，恰是我如今的同班同学，并非他所说的那样是一名名列前茅的优等生；二是他说他的学校又偏偏是我所在的中学，而我从来没有见过他。"

本来，在车上小作者就想揭穿他，但在冷静观照和自我反思之后，却有了与前面截然相反的感悟："年轻时，我们都有相似的经历，那种青春的虚荣在异性面前表现得更为淋漓尽致。也许因为浅薄，才需要用谎言壮胆；也许因为平淡，才需要用艳丽修饰，让回忆填满色彩；也许到了成熟时，我们就会向矫情挥手告别，与自信结伴而行。"

这样的感受与体悟，对小作者而言，是思想境界的一次攀升；对作文而言，是文章境界的一次升华。

通常情况下，景、物、人、事作为触发情感和心灵的对象物，同人的情感最初的表现形式一样，都处于最原始的自发自然状态。在叙事记人、摹物描景之时，对景、物、人、事的描写要做到是切实的，应是在细致观察基础之上的生发的叙述感悟，不是空洞无物的无来由抒发。这样，才会使得所得的感悟和注入的情感不致成为无根基的飘浮的空中之物，思想不致成为无根的浮萍。

如果失去坚实的叙述、描写根基，那种纯粹无因由的感发，或是在文章结尾硬性附加上去的感悟，就会变成徒然的无病呻吟或虚妄表白。不是真心的感受，没有情意的感受，不仅不能打动读者，还会降低文章的得分等级，冲散文章的整体美感和艺术感染力。

在对外界人事场景进行了精细的记述之后，写作主体的感悟才由自发的无组织的意绪流动，转化为自觉有序的陈述、感发。在这个过程中，情感由初级向高级演进，浅层次的情感漩涡那一触而发的冲动，经过对观察与感受的辨析、整合，凝聚成深沉的情感细流，最终以文字的形式展现出来。只有这样，才能使作文感得具体、悟得深沉、思得理性，从而酿成一篇篇凝结自我情操、深系人间真情、蕴含人生哲理的佳文妙作。

因此，情感注入就是观察与感受的起点，有了情感投入，观察的积极性、主动性、准确性增强了，感受的投入度、灵敏度、体验度提高了，自然，写作时的深刻性、独特性、新颖性也就拥有了。

第二讲　勤于思考

　　在人的情感世界中，有知性和智性之分，知性使情感变得丰富、热烈，智性使情感变得深沉、理智。于是，在败草花鲜、石上苔痕、草木滋长、新来鸟语的自然物景变换中，在世事沉浮、物是人非、人情冷暖的人生经历中，理性的思索永远不会缺失和逃离。

　　经历了事情会走向成熟，学会了思索才变得睿智。写好作文也离不开对生活的深入思考。所谓深入思考，就是在感受生活的基础上对生活的理性认识。在写作的过程中，观察、感受是必要的，思考同样不可或缺。思考是观察的凝练，是感受的升华，包含着写作者对生活认识的理性化、深层化和逻辑化。在写作过程中，沿着观察、感受肇始，进而达到思考层面，在产生对生活的理性认识后，再借语言文字表达出来。观察—感受—思考—表达，形成了写作基本的线性链条。有时也会出现链接处并列多点行进的情况，但是，思考在其中仍然起着关键作用。缺少了深入理性的思考，主观感受有时易流于肤浅化、碎片化，表达也容易出现无序化、散乱化。可见，要善于培养思考生活的意识。写出了自己对生活的理性认识与思考，作文的独特性、深刻性也就具备了。

　　大千世界五彩纷呈，复杂多变。对生活的思考，从概念范畴讲，就是从偶然到必然，从特殊到普遍，从表象到本质，从具体到抽象；从思维进程看，则是由浅层至深层，产生着意义，传达着思想，融合着智慧。

"'理智起来吧，'苏格拉底教导克里托道，'不要在意教授哲学的老师是好是坏，你只需要思考哲学本身，对她进行细致而公正的研究。假若哲学为恶，那么你应该说服所有人远离她；假如哲学确如我所信奉的那样，那么请你追随她并效力于她，而且心甘情愿。'"① 苏格拉底教导的关键词为"理智""思考""哲学"等，抛开"哲学"这一深奥字眼，其所强调的真谛在于思考不止，理性不失，智慧不息。

对于宏大领域命题的哲学而言，思考是在趋近无法帮助我们富有却能使我们自由的真理。那么，对于想写好作文者而言，思考是在帮助我们深化对生活的认识进而打好写作根基。从这个意义上说，深入思考能为我们带来柏拉图所说的那"珍贵的愉悦"，引领我们追寻比低俗的生活方式荣耀得多的生命体验。有了这样的珍贵的愉悦与体验，生命便获得了更多的意义与价值，作文也便有了更加丰富的内涵与灵魂。

勤于思考是写好作文需要遵循的基础路径。下面仅举几种常见的思维方式，以开启思考的由头。

一、由小见大

作家铁凝写过一篇短文《一个人的热闹》，文中写道：

---

① 〔美〕威尔·杜兰特. 哲学的故事［M］. 蒋剑峰，张程程译. 北京：新星出版社，2013：4，12.

　　"读新凤霞的回忆录，时常觉得有趣。比如她写过一把小茶壶，好像说那是跟随她多年的心爱之物，有一天被她不小心给摔了。新凤霞不写她是怎样伤心怎样恼恨自己，只写不能就这么算了，'我得赔我自个儿一把！'后来大约她就上了街，自个儿赔自个儿茶壶去了。

　　"摔了茶壶本是败兴的事，自个儿要赔自个儿茶壶却把这败兴掉转了一个方向；一个人的伤心两个人分担了——新凤霞要赔新凤霞。这么一来，新凤霞就给自个儿创造了一个热爱生活的小热闹。

　　"我觉得，能把一个自己变作两个、三个乃至一百个、一万个自己的人原是最懂孤独之妙的。孤独可能需要一个人待着，像葛丽泰·嘉宝，平生最大乐事就是一个人待着。想必她是体味到，当心灵背对人类的时刻，要比在水银灯照耀下自如和丰富得多。又如海明威讥讽那些乐于成帮搭伙以壮声威的劣质文人，说他们凑在一起时仿佛是狼，个别的抻出来看看不过是狗。海明威的言辞固然尖刻，但他的内心却有一种独立面对世界的傲岸气概，令我想到孤独并非人人能有或人人配有的。孤独不仅仅是一个人待着，孤独是强者的一种勇气；孤独是热爱生命的一种激情；孤独是灵魂背对着凡俗的诸种诱惑与上苍、与万物的诚挚交流；孤独是想象力最丰沛的泉眼；而海明威的孤独则能创造震惊世界的热闹。"[①]

　　作者在阅读新凤霞回忆录时读到书中叙写的一件小趣事：新凤霞不小心摔碎茶壶，觉得"我得赔我自个儿一把"。仅仅

---

① 铁凝. 回到欢乐［M］. 郑州：河南文艺出版社，2019：71-72.

是如此一件小事，普通读者可能还未察觉已顺读而下，根本来不及思考这句话蕴藏的内在含义。作家铁凝不同，她从这句话中生发了思考，领悟到"一个人的热闹"这种自如、丰富、傲岸、坚强、富有激情的孤独之妙、孤独之美。选择写作的切口如此之小，思考的则是人类生存普遍的生命体验，以小见大的写法使得文章的深度被极大地纵延了。

二、由形及神

"形"，是外在的形象、状貌、情态、轮廓、结构等可为感官所感知的事物的外在特征。"神"，为经写作主体投注感情进行思考后传达出的主题、要旨、内蕴、情感、志意等，属于更高层次的审美评价与鉴赏阶段。由形及神的这类思考常常在写实类的文章中较为常见。

在一篇题目为《藤》的散文中，著名作家王剑冰开篇写道：

"翻下来，腾挪上去，再翻下来，再腾挪上去，就像临产前的巨蟒，痛苦地不知如何摆放自己的身体，又似台风中的巨浪，狂躁不安地叠起万般花样。

"这该是多少藤的纠缠啊！洋洋洒洒不知多少轮回。可主人说这只是一棵藤时，我吃惊了。怎么能是一棵藤呢？但它确实是一棵藤，一棵独立的藤，学名叫'白花鱼藤'，属稀有物种。

"…………

"我敬慕地站立着，品读着这棵意象万千的古藤。

　　"它一定受过无尽的苦痛。风雨剥蚀过它，雷电轰击过它，战火遭历过它，它依附的大树，长大，长高，长老，直到一个夜晚轰然倒塌。那伤感的声音，把一棵藤的后半生弄得不知所措。现在那棵树只剩下一段冒出地表的枯树桩。

　　"藤，看着疼，身子一半已朽，一些枝条乱于风中。

　　"藤，要么死亡，要么活着。

　　"无有依托就不再存有想法，就像失去娘的孩子，自己为自己做桩，自己和自己相绕，直立而起，倒下，再直立。藤留下坚毅、痛苦、挣扎的过程。一千三百年风霜雨雪，把它变成根，变成树，变成精。

　　"藤，木的典范，水土的凝铸，生命的阐述。像不羁的狂草，有重笔有轻染，有淋漓的汁点。"①

　　下文的叙述中，写作者由藤的外形自然特征，思考到人的生命意义，"只要生命在体内一息尚存，就以藤的个性，滋生、蔓延、上升、翻腾"。由藤天然本色的生长习性，生发出藤的不屈与人的艰难的思考，"学着做人，学着生活，学着应付，学着面对"是人面临困境的执着，"滋生、蔓延、上升、翻腾"是藤经历历练后的坚毅，二者在内在的生命追求、精神支柱上实现了归一。由形及神的思考揭示出文章深刻的内涵。

三、由表及里

　　一方面，作为单体事物，因有着鲜明的个性特征，成为自身区别于他物的确然存在。另一方面，世界是彼此联系的，单

---

　　①　王剑冰. 澄江一道月分明 [M]. 郑州：文心出版社，2018：184-185.

体事物与一类事物，单个场景与类同场景，同种属事物或不同类属事物之间，常常有着这样那样外在的表层联系或内在的规律性联系。大千世界，完全独立于其他事物之外的个体是不存在的。通常情况下，在观察、感受生活基础上，为着作文的缘由，就需要对观察对象进行分析比较、归纳整合，把观察过程中形成的初步印象与感性认识，上升为知性概括与理性认识，由此发现蕴藏在表象之下的内在本质或必然规律。

《墓碑后面的字》一文为鲍尔吉·原野所写，文章书写了这样一个故事：

"在额尔古纳的野地，我见到一块特殊的墓碑。

"…………

"碑文写道：刘素莲之墓。

"……坐下，不经意间，看到水泥制的石碑后面还有一行字：

"妈妈我想……

"'想'字下面被土埋住，扒开土，是一个'你'字。这个字被埋在雨水冲下的土里。

"我伸手摸了摸，字是用小学生涂改液写的。字大，歪歪扭扭，如在奔跑、踉跄、摔倒。写字的人也像小学生。

"我转过头看碑正面，死者生卒年代为 1966—1995，活了29 岁。碑后写字的人该是她的孩子。"

接下来，作者展开联想，想到哀伤、脆弱、害怕、忧伤，在有成绩或挨欺负时的孩子，对妈妈刻骨铭心的想念。于是：

"我仿佛看到一双儿童的眼睛，泪水沿着眼眶蓄积，满满的，顺眼角流下。他独自一人来到这里，写下：

"妈妈我想你。

"'你'字被土埋住了，让人心惊。的确，'你'被黄土永远埋在这里，这是他家人早已知道却谁都无奈的事情。

"我想的是，这几个字力量多么大，把一个人身上的劲儿都泄掉了，对我来说，仿佛如此。

"人常说，颜真卿《祭侄稿》字含血泪，说书法家心境和艺境相合之时的惊心动魄。还说司马迁、方苞的文字含恨如石。墓碑后面的这句话，其孤兀也足以把人打倒。

"如今词语泛滥，人们在使用汉字——不需要交费、不需要限制的资源时，尽量挥霍、歪曲、作假，这在网上和官样文章中随处可见。然而尊重文字的人还在，视它为心声，写字的时候会流泪。刘素莲的孩子正是流着泪一笔一笔写下这五个字。有人这么写字，是汉字的福气。

"一位身居海外的中国诗人说：'不知为什么，我一看到"沧海""中秋"这些汉字就想流泪。'为词语流泪，说明他的血液曾经融化过汉字当中芳香高贵的成分。

"大树在风中呼吸，我走进邻近的村子，牧草一堆一堆金黄。农妇直起腰，看我进入哪一家投宿。我想的是，文字和周围的山川草木一样，因为真实而有力量。它们结结实实地钻进人的心里，做个窝待下去，像墓碑后面那几个字。"[1]

一个墓碑，正面反面，从"刘素莲之墓"到"妈妈我想你"，想到了汉字穿透古今、直击人心的伟大力量和丰厚内蕴。

---

[1] 鲍尔吉·原野. 墓碑后面的字 [J]. 语文教学与研究，2007（6）：11.

承载了中华厚重历史文化的汉字，其独有的一番风骨、气节、情感、品格，已经深深融入仁人志士、海外游子的血液中，渗进少年血泪，钻进人心深处。汉字所承载的家国情怀、文化传承、历史使命、民族精神、人生感怀，等等，经由作者借"一个墓碑"由表及里的思考，汉字的内涵变得广大无边，深不可及，文章的广度被延伸到了更为宏阔的空间。

四、由此及彼

通俗地讲，"此"可以理解为近我的，已知的，直接的，"彼"可以说成是远我的，未知的，间接的。由此及彼的思考就是以自我已知的经验、知识为基础，通过联想、推断、思考，间接地认识客观事物的过程。

"生命四季，是我们每个人都共有的，而春天更能开启人们的感情之源、心灵之泉。英国诗人拜伦有一年春天看见一位盲人在沿街乞讨，旁边还有一牌子写着八个字：'自幼失明，沿街乞讨。'但盆中只有稀稀落落几个钱。拜伦同情之下，马上给他改了八个字：'春天来了，我看不见！'哪里还有比看不见春天更痛苦的呢！路人一见之下，纷纷给以帮助。这是文字的力量，更是春天的魅力！春天的意味这么浓烈，春天的韵律这么恒久，难怪首次在甲骨文里露面的形声字就是'春'，难怪古人殷殷切切地寄语他的友人'此行江南去，千万和春住'。可事实上春光难永驻，有来必有去，谁也挡不住'落花流水春去也'的结局。不管是落花有意，还是流水无情，都是表现了时间之易逝的自然迹象，像是在告诫我们'莫倚颜如花，君看岁如水'‘花开有时落，为学须及早’之生命真谛呢！是啊，春去春又来，不可抗拒。但是精神上的青春、意志里的春色、进取中的春光，则当常驻于有志人和奋斗者的岁月年华里！"[①]

上述所引为朱国良的《春日感言》一文中的片段。作者由"此"——自然界的春天，联想到"彼"——有志人和奋斗者的"精神上的青春、意志里的春色、进取中的春光"，在直接经验的基础上，表达了自己的认识和思考。

五、由果思因

有因就有果，有果就有因，因果相生是客观世界的基本规律之一。如果大家稍加留意，会发现自己作文时积累搜集的材料，也常常是因果相生的材料为多呢！这些材料或是确然必然的因果关系，或是蝴蝶效应引发的定变发展的关联，大都有着一定的因果牵连。在因果律的作用下，有因大于果，有果大于因，有因灭于果。善于发现事物之间的因果关系，是进行深入思考的有效方法之一。

刘心武先生在写《悼念一个不相识的人》一文时，开笔写自己偶然看电视《追光一束》节目时，看到一位叫作任宝贤的演员在广州自杀的事。作者基于此事件，展开了深入的思考：

"我不认识任宝贤，他的自杀，也许有永难解释的原因，有纯私密的因素，但从那位女演员的片言只语中，我以为我能理解，他那‘没有追求到’的悲剧心理的形成。我们，一群庸人和俗人，总是热衷‘鲜花着锦、烈火烹油’而吝于‘雪中送

---

① 朱国良. 春日感言 [J]. 浙江经济，2013（4）：59.

炭、吹尘见璞'的世风，所构成的氛围，起着隐形的作用。这也许是没有办法的事。这里所牵扯到的，是一些超意识形态的东西，普遍人性的东西（中外古今皆然）。念及此，我心中不仅惆怅，而且充溢着一种大悲悯。

"我悼念这位不相识的演员，这位至死尚未被公认为'大腕'而且也未能在影、视、歌、剧'四栖'的演员，这位也许他内心早已认为自己不亚于公众追光中的'大腕'，却得不到传媒追光耀照的演员，或是他焦虑于自己已无希望成为'大腕'而终于失却信心的演员；在对他的悼思中，我寄托着什么？是劝慰自己，不要如他那样，对经过认真努力挣扎奋斗所能获得的实归之名、实至之利，过分地执着？还是鼓励自己，在漫漫的人生道路上，继续地承受不断'边缘化'的处境，把追光的不再追己视为常态？

"保罗·沙特说：'他人即地狱。'其实，他人的眼光犹如'追光'，只容得下'摩登宠儿'，不将未成功者及平庸者、失败者收入视野罢了，中国人的习惯说法，是'势利眼'。'势利眼'虽可恶，却也还谈不到地狱般可怕。过去，有'人言可畏'一说，阮玲玉还因此而弃世，现在却似乎是'人无言更可畏'，尤其是渴望成功的演艺人员，演了半天，谁也不置一词，连喝倒彩的都没有，闹到最后，台上台下都无追光，也有因此弃世的。可见'追光'这东西，很有点追魂索命的杀伤力，我们对它，都该求之勿执、失之无惜才好！"①

文章基于演员自杀这一事件结果，对造成的原因从演员个

---

① 刘心武. 宽阔的台阶［M］. 郑州：河南文艺出版社，2016：226-227.

人因素、世风氛围等方面进行了分析，结尾提出了对"追光""求之勿执、失之无惜"的思考。由果思因的记叙手法，使得分析层层深入，思考灼见自现，对于我们的写作有着很好的启示借鉴意义。

六、由己及人

《论语》中有"己所不欲，勿施于人"；又有"己欲立而立人，己欲达而达人"。《孟子》一书有"老吾老，以及人之老；幼吾幼，以及人之幼"的名言。莎士比亚则写道："爱己及群，推己及人。"中外大哲的名言警句昭示着自我与群体的关联，小我与大我的统一。深入思考生活，不能将个别情感体验排除在外，在用心感受生活的基础上，将自己的个别情感升华为对人们普遍情绪和共性情感的概括。由观察、感受产生的内心情感，虽承载着个体情感特征的鲜明印记，但由于个体为社会的一分子，浸润熏染在大众之中对人性的共通之处能够默契会意，自己的个别情感常常能够与普通大众的情感相连相通，引发强烈的共鸣共振，个体的情感因而具有了广泛、典型、深刻的意义，经由个别而一般，深入思考的路径得以拓展。

2020年4月8日，受到疫情影响的武汉"解封"，武汉大学毕业生顾超先生，下意识打开了手机里的武大校歌《珞珈谣》。当动听的旋律响起，作者的思绪随着熟悉的音乐飘到了武汉。

"《珞珈谣》是武汉大学建校125周年时校友们合力创作的校歌。作为武汉大学的毕业生，在疫情暴发、武汉开始封城的那几天，我特别想听听这首歌，但那时心是揪着的，音乐的诗情画意很难化解我的焦虑。"通过拜年，作者向近年来还有联系的身处武汉的老师、同学、朋友挨个问候，大家都报了平安。直到两三周后，才又得知上大一时温厚善良的辅导员感染了新冠病毒，经历了病痛折磨终于艰难熬过。"一度觉得自己快不行了，终于熬了过来。阳光总在风雨后。"看到辅导员微信里的文字，作者的心情再也不能平静：

"三言两语，我突然觉得，生死的考验原来离我那么近。安好，有时是一个很沉重的话题。

"茨威格将'同情'分为两种：'一种同情根本不是对别人的痛苦抱有同感，而只是本能地予以抗拒，免得它触及自己的心灵。另一种同情才算得上真正的同情，它毫无感伤的色彩，但富有积极的精神，这种同情下定决心耐心地和别人一起经历一切磨难，直到力量耗尽，甚至力竭也不歇息。'我的许多武大校友正是在抗击疫情中竭尽全力，作出了很大贡献，而我，或许是没有足够的勇气面对，害怕触及心中的痛，总在本能地抗拒，总是沉默，甚至没有在朋友圈发过一句'武汉加油'。

"还好读到武大谢教授在朋友圈中发布的信息，每条都有两个字：平安。在封城第 60 天的'平安帖'上她写道：'封城伊始，当意识到一个特殊时期降临时，只想简单记录自己的经历。这 60 天，自己经历了从封城时的不知所措，到满脑子萦绕"魔王"旋律，感觉死神在头顶盘旋；从夜里多次被噩梦惊醒，到一次次被逆行的军人、医护人员以及海外华人、快递小哥、志愿者等人感动；从一日三餐弹尽粮绝的惆怅，到风雪中领回爱心蔬菜的满足；从乱弹琴的释放情绪，到集中精力直播讲课……我感受到人们互诉苦难，隔空拥抱，迎来希望……'谢教授十几年前教过我《汽轮机原理》。这次她用 60 个帖子，让我思考如何'同情'。

"同情是人的本能，身处现代社会，这种本能是需要被唤醒的。身处疫情风暴中心的人们的绝望与希望，我们未必能完全理解，如果没能学会真正意义上的同情，他们的许多感受于我们是陌生而遥远的，甚至不能在我们心中掀起一丝涟漪。同情是对一个普通人的遭遇的情感共鸣，那些人是否认识、是否相熟并不重要，重要的是，不再抗拒，不再纠结，不必害怕泄露内心的彷徨，不必担心自己力量的微弱，以积极的精神去付出，去陪伴，一同走过磨难。

"今天，我终于可以放松地听那首《珞珈谣》。'一山是珞珈山，一水为东湖水，一缘不分南北，一醉如彩云归。'珞珈山高，东湖水长，一园英华，黄鹤楼影，这些词与景，对于一个外人来说，不会有特别的感觉，然而对于每一位武大校友、每一个把武汉当成自己第二故乡的人，这就是一首情歌。我对这片土地、对生活在这片土地上的人们有着深深的感情，对他们的苦难有着疼痛感，我也为这片土地的复苏而欢欣。"①

文章基于武汉疫情"解封"这一事件，以武汉大学校歌《珞珈谣》为情感的红线，通过对疫情期间自己身在武汉的老师、同学、朋友的问候与诸位的回复中，透视内在自我，体恤校友他人，深刻体验到了人类内心深处普遍而伟大、深沉而持

---

① 顾超. 珞珈情歌［N］. 光明日报，2020-04-17.

久、坚定而积极的情感——同情。它不仅隶属于个体，更连接着他人；不是只存在于今天苦难的疼痛记忆，更昭示着明朝的盎然复苏；不只在此时此地，更能跨越时空，搭建起人们心灵相同、休戚与共的精神通道。一首校歌化身为一诉衷肠的情歌，一己的个性体验升华为普通人遭遇的情感共鸣，文章的深刻性被推向了更高层次，情感的抒发被表达得更加酣畅。

"学而不思则罔，思而不学则殆。"张中行先生认为：

"思是心理活动，以什么为材料，怎样安排、辨别，以什么为标准判断是非、决定取舍，内容很复杂，不能也不必详说。这里还是就学作文说，读得渐多，吸收不少，要怎样用思来整理呢？思是动的，既连又转，内容千变万化，照猫画虎自然有困难，以下只能略举一些要点。

"（一）聚集和安排。不同的作者写的不同的书或篇章，主张不尽同，甚至有大差异，表现手法也各有特点，我们读了，都吸收到记忆里，这是聚集。聚集的大量事物，可以归类：有些性质相同，有些性质相近，有些性质相远，有些性质相反，相同、相近之中，还可以分大小、深浅、高低，等等，这是安排。读有所得，头绪纷繁，这是以思为主力的初步整理。

"（二）比较和分辨。主张不同，表现手法不同，会有是非至少是价值的差异。道理有是非，价值有高下，要辨明，就必须靠思。定是非、高下的思不能任意，这就要有关于判定是非、高下的原则的知识，这知识自然也要由多读之后经过思的整理和融会来。总之，不经过自己的深思就不能辨明不同主张和表现手法的是非、高下；辨且不能，取其是和高、舍其非和下自然就更做不到了。

"（三）验证。比较、分辨之后，心中有所知，有所信，可以通过'用'来验证。所谓'用'是：（1）读新的作品时，以所知、所信为尺度，看看能协调不能协调；能协调，则所知、所信可以更加巩固，不能协调，可以修补，使所知、所信更加完善。'用'的另一条路，（2）是写，就是把所知、所信用于自己的作文中，看看有没有起充实、提高的作用。有，可以顺路往前走；没有，可以证明所知、所信还不完善，需要修补。

"（四）推衍。所知、所信逐渐深厚，逐渐完善，甚至成为体系，就可以向四外推衍，通过以此证彼、以彼证此，以求所知、所信的体系更广博，更完整。举例说，就表现手法说，清淡是一种高的境界，这种评价的原则似也可运用于其他艺术形式，如绘画、戏剧、音乐等。如果真是这样，则所知、所信的可信程度就更高一筹了。

"（五）融会贯通。读多了，对于各家各派有深入的认识，既知其所长，又知其所短，到自己执笔的时候，能够漫不经意地选用某家之长或兼用数家之长，是思的最高成就，融会贯通。这种境界有难的一面，因为多读之后，不只要熟，而且要深入体会其短长、甘苦。但也有易的一面，是熟而能深入体会其韵味，到自己作文的时候，这韵味就会自动跑到笔下。昔日古文大家如韩愈、苏轼、归有光等，本领都是这样来的。这本领也是来自读之后的思。

"以上是说思的作用的一些主要表现。"[①]

---

① 张中行. 作文杂谈［M］. 北京：开明出版社，2021：66-68.

　　张中行先生的论述大大丰富了我们在作文时进行思考的维度。在生活中，广角镜头中的大视野观照，特写取景中的细节刻画；热点社会问题的思索追问，一己人生的感悟慨叹；生活哲理的深思领悟，某种情感的真切体验……可以说，关涉社会、人生、自然的林林总总，关联你、我、他的方方面面，都可以纳入思考的范围。这就大大拓展了写作的素材空间，深入思考对于作文的意义和价值得以充分彰显和体现。

第三讲　想象联想

　　无论是专业作家还是在读学生，进行写作时总是需要积累材料。对于写作，作家怀着天然的使命感、责任心，常常以职业特有的敏感、好奇、专注、主动、热心、持久等，能从自然、人生、社会中获得较普通人更加广泛、深刻、多样、丰富的材料。作家还擅长通过想象和联想，书写那可能发生的事和"根本不可能发生的事（但合乎生活和想象的逻辑）"，发挥作品的文学价值；更能以不断扩大的、深刻独有的体会经验，以"一人之心，千万人之心也"的"共情""大同"，与读者共同创造作品的意义，使得读者通过一次次阅读，好似多经历了一次次人生。当然，基于作家的专业性、敏锐性与特殊性，一般作者相对于专业作家，写出具有持续强烈感染力的作品是较为困难的。但是，不管是著名作家还是一般作者，获取材料的途径大致不外乎对社会、人生的观察、感受与思考，借助想象、联想丰富新生活、新思想，扩大个人体验等基本途径。这其中，借由想象、联想不仅是获得丰富题材的重要来源，更对表现作者的主观情意、提升写作能力具有重要意义。

一、想象对于写作的意义

　　在同学们的成长旅途中，头脑中会时不时闪现过这样的画面：幻想自己是一个无所不能的大侠，能济弱救贫，除恶扬善；或是变成妈妈的耳坠，在她上班的时候也说说悄悄话；或是变成一个漂亮美丽、温柔可爱的花仙子，在花朵间自由嬉戏，等等。这些在现实生活中根本不可能发生和实现的事，却能够借助特定的心理活动呈现在我们的脑海中，我们把这种心理活动过程称之为想象。也就是说，想象是人类所特有的一种心理活动，是人的大脑对记忆中的事物表象进行思维改造，由此引申，不断创新的形象的思维过程。

想象在我们的生活中不可或缺。借助想象，我们可以尽情放飞自己的心灵，自由自在地舒展心灵的双翅，思接千载，视通万里，天上地下，古往今来，让思维无拘无束地任意驰骋。想象使生活变得五彩缤纷、色彩斑斓。

青少年时期是一个人想象力最为活跃的时期，在强烈的新鲜感、好奇心驱使下，面对纷繁复杂的世界，总想探索事物的奥秘，常常会沉湎于美好的幻想和美丽的憧憬中。鲁迅先生曾经讲过："孩子是可以敬服的，他常常想到星月以上的境界，想到地面下的情形，想到花卉的用处，想到昆虫的言语；他想飞上天空，他想潜入蚁穴……"① 各种各样神奇的想法就像多姿多彩的缎带，紧紧地围绕在我们身边，陪伴着我们成长。

想象是文艺创作的根本和灵魂。列宁说："想象是最有价值的美质。"著名科学家爱因斯坦也说："一切创造性劳动都是从创造想象开始的。"想象也是自然科学技术领域创新创造的

① 鲁迅. 看图识字［M］//鲁迅全集：第 6 卷. 北京：人民文学出版社，2005：37.

前提。"想象力比知识更重要。"

　　想象对于作文同样至关重要。在写作中，想象就像一块神奇的、威力无穷的磁铁，能够吸附和磁化我们所经历过的欢乐、苦恼、幸福、忧伤，凝聚成一篇篇美妙的作文；它又像一个魔术师，用让人眼花缭乱的手法，编织出不可思议的故事。我们在写人记事、描景状物的时候，由于记叙的多为真人真事和实景实物，多用纪实的手法叙述与描写。有时，为了把人物塑造得栩栩如生，把景物描摹得多姿多彩，把事物状写得惟妙惟肖，常常要借助想象。

（一）借助想象，可以帮助我们开拓思路

　　我们身处这个丰富多彩的社会，经历着各种各样的生活，观赏着四方迥异的风物，这些生活学习的经历常常触及我们的心灵，引起我们对社会、现实、人生做出思考。在写作中运用想象，能使我们把对生活的真切感受与自己的主观思考有机结合起来，从而更好地打开文章的思路。

　　在一篇题目为《如水的越剧》的散文中，作者开篇写道：

　　"如果是液体，那它就是妩媚的水；如果是植物，那它就是水边的柳；更如果江南是一艘典雅精致的画舫，那它分明就是咿呀的橹声和旖旎的水波。从六朝金粉的秦淮到晓风残月的西湖，从烟花三月的扬州到枫桥夜泊的姑苏，再没有哪种戏剧比越剧更令人缱绻悱恻、至性至情了。……

　　"很难想象近一百年前，越剧于江南的诞生，是怎样的一种奇迹。许是因了江南之水太多清丽柔美的滋润、江南之地太多烟雨岚风的漫漶，一出'小歌班'，几许半农半艺人，'绍兴

文戏'的越剧便如三月里的桃花汛，在乌檐粉墙的江南，在鹂
啭莺啼、河埠纤道、家家枕河的江南恣意泛滥开来。"[①]

首段以排比形式，巧用比喻，点出越剧的"缱绻悱恻、至
性至情"。接下来，对越剧的诞生没有从历史环境、时代背景、
戏剧传承等方面进行正统的知识解说，而是进行了自我视野的
想象，赋予越剧诞生以诗意个性的色彩。开篇既新颖纤巧，又
思绪悠远，想象的运用很好地开拓了写作的思路，整篇文章氤
漫着诗意江南的格调与婉约清丽的韵味。

（二）运用想象，可以塑造生动新颖的形象

同学们由于受到经历、阅历的限制和约束，对生活的感受
和理解还不是很深刻，很多人还不能对现实生活作艺术的处理
和概括，写人、状景、描物往往生动性和形象性不够，难以给
人留下深刻的印象。要解决这个问题，除了在平常生活中注意
观察和学习，多加积累外，还可以大胆运用想象来塑造生动、
新颖的艺术形象，写出佳作妙文。

来阅读诗人洛夫的一首诗歌《众荷喧哗》。

众荷喧哗
而你是挨我最近
最静，最最温婉的一朵
要看，就看荷去吧
我就喜欢看你撑着一把碧油伞
从水中升起

---

① 陈荣力. 如水的越剧［J］. 散文百家，2005（11）：20.

我向池心

轻轻扔过去一粒石子

你的脸

便哗然红了起来

惊起的

一只水鸟

如火焰般掠过对岸的柳枝

再靠近一些

只要再靠我近一点

便可听到

水珠在你掌心滴溜溜地转

你是喧哗的荷池中

一朵最最安静的

夕阳

蝉鸣依旧

依旧如你独立众荷中时的寂寂

我走了，走了一半又停住

等你

等你轻声唤我①

---

① 洛夫. 众荷喧哗［M］//淡霞. 人一生要读的 100 首诗歌. 北京：中国和平出版社，2006：113-114.

诗人洛夫通过丰富的想象，将荷进行了拟人化的刻画，把荷的形象塑造得精妙传神、生动新颖，其清新丽人的温婉、安静恬然的羞涩、茕茕孑立的清寂，慨然而出，生动新颖，把读者带入到荷人相融的美妙意境中，不动声色而境界高妙。

（三）通过想象，可以从换位思考的角度审视世界

大家看过电视剧《西游记》，有时会幻想自己也像孙悟空那样有一双火眼金睛，会舞动金箍棒，降伏妖魔鬼怪；看过《白雪公主》，幻想能插上一双翅膀，去质问那恶毒的王后；看到失明与失聪的孩子，就幻想自己要是医术精湛的医生该多好，就能去为他们治病疗伤；看到饥饿与贫穷，就幻想假如自己是有神奇魔法的天使与巫师，就能为他们带来幸福的生活。这些"假如"都是把现实生活中的自己做了错位的观察，让我们变换了视角和角度，用假想中的人或物的眼光与思维，审视我们周遭的社会。想象，大大地拓展了人类认识世界的深度和广度，从而促使我们可以更全面、更深刻地思考我们所生活的这个世界，思索那美丽和短暂的人生。

张钰榕同学写的《我想设个换位节》一文，就通过换位思考写出了自己的所感所想。

"宝贝，快起床！""妈，今天周末，让我多睡会儿吧！""不行，你得去上补习班！""我不想上！""孩子，妈妈是为你好啊！"这时，我的心头突然萌生一个念头：要是设立一个"换位节"，让大人与小孩儿换换身份，让他们体会一下当小孩儿的滋味，那该多好呀。

闭上眼睛，我似乎真的来到了换位节这一天——老妈和我换了位。瞧，老妈正埋在题海里做我给她布置的数学题呢。"哎呀，头好晕啊，我看会儿电视休息一下好吗?""不行，就想着玩! 赶快做，数学做好了再背会儿英语单词!"我一脸严肃地说，"我这都是为你好啊!"老妈眉头一紧，若有所思。

唉，我这个妈妈也不好当啊。光是整理床铺拖地买菜，就累得我腰酸背痛。一看手表，哎呀，都快 11 点啦，这午饭还没做呢，我得忙到啥时候呀! 幸好今天休息，可一年 365 天，除非不在家，不然这些活儿都得干! 以前我还真不知道当妈这么累……

到了晚上，我和老妈都回到了现实中的角色。结束了一天的劳累，老妈对我说："女儿呀，当学生真不容易，以前我要求你做的有点儿多……"我拉着老妈的手说："妈，您忙碌一天也很辛苦，可我还爱发牢骚，嫌您做的菜不好吃……"一次换位，让我们母女俩彼此体谅、彼此理解了。

换位节这一天，除了孩子可以和父母换位，大家可以尽情来个大换位! 警察可以跟司机换位，城管可以和小贩换位，校长可以和老师换位，市长可以跟市民换位，富豪可以跟贫穷者换位……这样来个角色换位，相信彼此会增进理解，更容易体谅对方。

大家觉得我设立的换位节怎么样? 至于日期嘛，就定在每年 9 月的第二个星期日吧。让我们期待换位节早日成为现实吧!

小作者想象设立一个换位节，并设想了自己与妈妈换位后的经历，感受过彼此担当角色的不易，母女之间加深了相互理解，两代之间的情感交融更加浓厚。看来，通过想象进行换位思考，不仅是作文出彩出新的好方法，也是拓展观察社会的好途径，有助于通过别样的方式表达自己的内在情感。

（四）发挥想象，可以极大丰富作文的表现内容

我们在写作时，可以实写，也可以虚构。实写，就是写身边熟悉的人物，写生活中发生的事件，写任何实实在在存在的事物。虚构，就要借助想象、发挥想象，突破现实生活的束缚，写愿望，写理想，写自己的遐想和憧憬，写现实世界没有发生或尚不存在的万事万物。由此来看，想象，能够大大拓宽写作的空间，丰富作文的表现内容。

《一个树木的家庭》一文是这样展开叙述的：

"我是在穿过了一片被阳光照耀的平原之后遇见它们的。

"它们不喜欢声音，没有住到路边。它们居住在未开垦的田野上，靠着一泓只有鸟儿才知道的清泉。

"从远处望去，树林似乎是不能进入的。但当我靠近，树干和树干就渐渐松开。它们谨慎地欢迎我。我可以休息，乘凉，但我猜测，它们正监视着我，并不放心。

"它们生活在家庭里，年纪最大的住在中间，而那些小家伙，有些还刚刚长出第一批叶子，则差不多遍地都是，从不分离。

"它们的死亡是缓慢的，它们让死去的树也站立着，直至朽落而变成尘埃。

"它们用长长的枝条互相抚摸，像盲人凭此确信它们全都在这里。如果风气喘吁吁地要将它们连根拔起，它们的手臂就愤怒挥动，但是，在它们之间，却没有任何争吵。它们只是和

睦低语。

"我感到这才是我真正的家，我很快就会忘掉另一个家的。这些树木会逐渐接纳我的，而为了配受这个光荣，我学习应该懂得的事情。

"我已懂得监视流云。

"我也懂得待在原地一动不动。而且，我几乎学会了沉默……"①

仅仅是一片树林而已，在凡人看来再平常不过，然而作者借助想象，组建了"一个树木的家庭"。这其中，有长者，有小辈；有逝者还在站立，有生者和睦相处；有对陌生人的抗拒警戒、谨慎谨防，有对"摧残者"风的愤怒反抗、团结对外，有家庭内部亲人一般的抚摸关爱、低语交流。一片树林不再是树林，而是涌动着大自然的灵动与人世间的情思，使作者沉浸其中，渴望被接纳，配受这光荣。文中激荡着情感的浪花，自然之美、人间之美、生活之美融入字里行间。"我已懂得监视流云。我也懂得待在原地一动不动。而且，我几乎学会了沉默……"文末的启示蕴含真谛，给人启示。借由想象，大大丰富了文章书写的内容。

正如王鼎钧先生所说："想象力是一种无中生有、推陈生新的'巫术'。有时候，整篇作品都是想象的产物，例如神话。白蛇和许仙的恋爱故事，除了地名，全属虚构，堪称'大巫'。另有一些作品，写实际生活，仅在部分细节用想象来加强描

---

① 〔法〕于·列那尔. 一个树木的家庭〔J〕. 苏应元译. 中华活页文选，2012（8）：39.

写，堪称'小巫'。本文所述的想象归于此类。本文又特别把想象与比喻、烘托分开，用以专指陌生的、'想当然耳'的、不可能发生的然而感性特强的景象，以突出想象并激发想象力。如果没有丰富的想象力，像'酒到杯干'这种句子（形容大家豪饮）怎么写得出来，怎么看得懂。"[1]

由此可见，想象在写作中起着不可或缺的重要作用。想象可以打开作文的思路，形成新颖精巧的构思，使文章充满情趣；可以塑造出生动新颖、丰满深刻的艺术形象，加强文章的吸引力和感染力；可以把现实生活和对生活的感受、思考连接起来，拓展我们认识世界的广度和深度；还可以突破现实生活的限制，大大地丰富文章的表现内容。因此，同学们要高度重视想象，注意培养自己的想象力。写作时善于运用想象，不断提高写作水平。

二、联想对于写作的意义

在日常生活中，我们常常会由一件事想到另一件事，由这个人想到那个人。例如，由秦始皇想到汉武帝，由唐太宗想到宋太祖。再如，由花开花落想到青春短暂，人生易老，等等。这种现象同想象一样，也是人类特有的一种心理活动，这种心理活动过程就是联想。一般的联想常常是自发的、不自觉的、随意的，并不见得非得表达某种专门深刻的意义，并且大多处于散漫无序的状态，想到哪里是哪里。我们在作文时也会联

---

① 王鼎钧. 作文七巧［M］. 北京：生活·读书·新知三联书店，2019：85-86.

想，但是写作中产生的联想与日常生活中随意的联想是不一样的，它要求有非常明确的目的，有由此及彼的清晰过程，能反映事物之间的内在联系，并且能说明社会现实生活中的某些问题。

联想的方式，大致可以划分为接近联想、类似联想和对比联想。

所谓接近联想，就是因两种以上的事物或现象由于在时间、空间上的接近而被联想。如从刘邦想到项羽，从项羽想到陈胜，从扁担想到斗笠，从斗笠想到霆雨等。

所谓类似联想，就是把有类似特征的事物或现象通过某一个类似点联系起来产生的联想。如因鲜花与少女具有鲜艳、烂漫的相似点，因而，常由少女联想到鲜花，由鲜花联想到春天。

所谓对比联想，就是把两种或两种以上可以比照而又有相关性的事物或现象联系起来。如从李逵想到李鬼，从月亮想到太阳。

以上几类联想中，有些是同向的，有些是反向的，有的是两种事实联结在一起，有的是两种意义联系在一起。联想的方式是多种多样的。

知道了什么是联想及联想的方式，那么，联想在写作过程中发挥着怎样的作用呢？我们可以从文章的整体和局部两个方面来分析。

（一）就文章整体来说，联想可以拓宽思路，加强题旨，深化中心

在大千世界中，人与人之间有着这样那样的关系，事物与事物之间存在着这样那样的联系。这些生活中发生的各种各样的事情与多姿多彩的事物，为我们的写作提供了丰富的素材。可是，在平常作文时，大多数同学还是会感到思路闭塞，无话可说，这是为什么呢？一个重要的原因，就是不注意观察，不善于思索，没有形成善于联想与想象的思维方式。因而轻易看不到人与人之间的关系，看不到一个事物与其他事物之间的联系，人与事物之间的联系。在下笔作文时，常把人与事孤立起来，只见树木，不见森林，窥一斑而不能见全豹。如果在写作中善于联想，能够发现所写的人、事、物、景彼此之间的联系，思路不仅会大大地开阔，还能强化题旨，言之有物，使文章的中心得到深化或升华。

《雪山向日葵》一文就充分运用了联想。

"或许是阳光的亮度和吸引力不够么？可在阳光下你明明睁不开眼。

"难道是土地贫瘠使得它们心有余而力不足么？可它们一棵棵都健壮如树。

"也许是那些成熟的向日葵种子太沉重了，它们的花盘，也即脑子里装了太多的东西，它们就不愿再盲从了么？可它们似乎还年轻，新鲜活泼的花瓣一朵朵一片片抖擞着，正轻轻松松地翘首顾盼，那么欣欣向荣、快快活活的样子。它们背对着太阳的时候，仍是高傲地扬着脑袋，没有丝毫谄媚的谦卑。

"那么，它们一定是一些从异域引进的特殊品种，被雪山的雪水滋养，变成了向日葵种群中的异类？可当你咀嚼那些并无异味的香喷喷的葵花子，你还能区分它们么？

"于是你胡乱猜测：也许以往所见那些一株单立的向日葵，它需要竭力迎合阳光，来驱赶孤独，权作它的伙伴或是信仰；那么若是一群向日葵呢？当它们形成了向日葵群体之时，便互相手拉着手，一齐勇敢地抬起头来了。

"它们是一个不再低头的集体。当你再次凝视它们的时候，你发现那偌大一片向日葵林子的边边角角，竟然没有一株，哪怕是一株瘦弱或是低矮的向日葵，悄悄地迎着阳光凑上脸去。它们始终保持这样挺拔的站姿，一直到明天太阳再度升起，一直到它们的帽檐纷纷干枯飘落，一直到最后被镰刀砍倒。

"当它们的后脑勺终于沉重地坠地，那是花盘里的种子真正熟透的日子。

"然而你却不得不也背对着它们，在夕阳里重新上路。

"雪山脚下那一大片背对着太阳的向日葵，就这样逆着光亮，在你的影册里留下了一株株直立而模糊的背影。"①

在文章的第 7 至第 15 自然段，作者对雪山向日葵不围绕着太阳旋转的原因进行了一系列的联想，从雪山向日葵的独有特性中，联想到了不盲从、不谄媚、团结向上、始终如一、坚持自我等精神，这就大大地拓宽了文章的思路，使一篇状物的文章变成了对有特立独行、敢于坚持自我精神的颂扬与称赞。

（二）就文章的局部来说，联想可以丰富和加深文章的内容，增强文章的感染力

在赵菁菁的《长城行》一文中有下面这段文字：

---

① 张抗抗. 雪山向日葵［J］. 初中生学习，2004（3）：36-37.

"站在城垣上，望着一座座的城堡，它们像巨人般地耸立着。脚，踩在一块块宽大的石板上，塞外凛冽的寒风呼呼地吹着，仿佛在向我诉说着长城悲壮的历史。长城呀，你可知道，有多少人，为了建造你，为了保护你，献出了宝贵的生命。你能有今天的存在，是由于有他们——一代又一代为了你而牺牲的龙的传人。为他们流泪吧！即使你是一条坚强、勇敢的巨龙，也为他们流下你充满感情的热泪吧！

"站在这世界上最长、最坚固、最深厚的城垣上，手抚着冰冷的古砖，我眼前似乎出现了浓浓的硝烟，听到了隆隆的炮声……透过缭绕的烟雾，我似乎看到了一群群英勇的士兵，他们正在和来犯者厮杀。为了保卫他们亲爱的国家，他们愿意牺牲自己的生命，用自己的鲜血换来永久的和平……我从遐思中醒来，心里不禁暗叹：古代长城，曾是战火纷飞的战场，而今日的长城，却已成为世界各国人民向往的浏览胜地。"

这段文字写的是漂泊异国他乡的游子回国后游览长城时的见闻与感受。作者远眺长城的雄姿，目睹脚下的块块板石，手抚冰冷的长城古砖，浮想联翩，想到长城悲壮而惨烈的历史，想到硝烟弥漫的古战场，想到抵御外敌侵略的勇士，看到今天长城之上游客熙熙攘攘，长城依旧在，古今两重天，无限感慨。文中不但表达了作者对古往今来抛头颅、洒热血，保家卫国的无数勇士的颂扬之情，而且流露出海外游子对祖国的一片挚爱之心。如果仅仅叙述游历长城的所闻所见，不通过联想写出自己的所感所思，文章就会单薄许多，感染力也会大大减弱。

　　我们从文章整体和局部分析了联想的作用，主要是为了方便同学们对联想在写作过程中重要作用的认识和理解。实际上，一篇文章的局部是整体的组成部分，整体是若干局部的有机构成，归根到底，联想对写作的作用，体现在文章整体之中，不能割裂开来。这就要求我们，写作时运用联想，一定要注意围绕中心来谋篇布局，不能滥用联想，而是在需要联想的时候联想，在该联想的地方联想，同时，必须从文章内容的实际需要出发，选择恰当的联想方式，增强文章的表现力，收到最佳表达效果。

三、恰当运用想象、联想

　　知道了想象和联想在材料积累、抒发感情等方面的重要功能和作用，我们就要在写作中恰当地运用想象和联想。

　　首先，注意积累生活，丰富想象、联想材料。

　　想象并不是凭空的，而是与现实生活有着紧密的联系。我们每天都要上学，与老师、同学交往、接触，能看到学校里发生的事和学校的变化。回家后，又和父亲、母亲在一起，与伙伴嬉戏玩耍，与邻居家的叔叔、阿姨见面，目睹周围环境的变化，这些就是现实生活。平时，一定要细心观察生活，留意生活中的事情。现实生活是想象的基础。为了写好想象作文，平常一定要广泛接触社会，丰富自己的阅历。另外，还要经常读书，扩大知识面，开阔视野，不断学习科学文化知识，才能思接千载，视通万里。一个人的生活经验越丰富，知识积累越多，想象就会越丰富，创造出来的形象也就越生动。缺少生活经验，知识贫乏，想象力就会枯竭。进行联想时，则要在积累素材、积累知识、积累情感的基础上，注意联想到的事物与引起联想的触发点之间的关联性，做出合理联想，避免牵强附会与漫无目的。

其次，想象、联想要有新意，敢于创新。

要使想象具有奇特性，一定要勇于创新。不一定原搬生活，可以对耳闻目睹的人、事、物、景根据表达的需要进行大胆取舍与深度加工，展开充沛丰富的想象，从而写出文质并美、内容丰富的作文来。

再次，想象、联想内容应充实具体，想象应丰富生动。

人们常言：头脑是块调色板，只有丰富的想象，才能描绘出五彩斑斓的生动画面。在进行想象时，要把经过大胆想象的新事物生动、具体地描绘出来。如想象未来的自己，就要具体描写自己的言行，只有这样，才能使想象出来的文章生动丰富，不至于成为空想泛想，只有骨骼没有肌肉的空架子。

最后，要表达真情实感，做到情真意切。

有的同学认为，想象作文可以海阔天空地大胆创造，可以随心所欲地自由发挥，因而，过分注重情节的离奇与夸张，而忽略了真情实感的表达，从而使大胆奇特的想象过于荒诞，不可思议。其实，想象是对不存在的场景的幻想，饱含着自己对美好生活的向往，同样是内心真实情感的流露。所以，运用想象、联想时，不管是美好的理想，还是深切的忧患，都应表现积极、健康的情感，注重内心情意的真实性，这样写出来的文章才会感人。

第四讲　再现事物

　　教育部制定的《普通高中语文课程标准（2017 年版）》，从语文课程性质与基本理念、学科核心素养与课程目标、课程结构、课程内容、学业质量、实施建议六个方面，对 2003 年教育部印发的普通高中课程方案和课程标准实验稿进行了全面修订，进一步明确了普通高中语文教育的定位，进一步优化了课程结构。在关于学科课程标准的设置中，凝练了学科核心素养，更新了教学内容，研制了学业质量标准，增强了对教材编写、教学实施、考试评价的指导性，对落实立德树人这个根本任务、提升育人质量，具有重要意义。

　　在"学科核心素养与课程目标"部分，对语文学科核心素养基本内涵、建构途径、体现维度、组成内容进行了详细说明，明确学科核心素养主要包括"语言建构与运用""思维发展与提升""审美鉴赏与创造""文化传承与理解"四个方面。其中提道："语言建构与运用是指学生在丰富的语言实践中，通过主动的积累、梳理和整合，逐步掌握祖国语言文字特点及其运用规律，形成个体言语经验，发展在具体语言情境中正确有效地运用祖国语言文字进行交流沟通的能力。"① 更对学科核心素养四个方面的内在联系做了清晰说明："语文学科核心素养的四个方面是一个整体。语言是重要的交际工具，也是重要的思维工具；语言的发展与思维的发展相互依存，相辅相成。语言文字是文化的载体，又是文化的重要组成部分；学习语言文字的过程也是文化获得的过程。语言文字作品是人类重要的审美对象，语文学习也是学生审美能力和审美品质发展的重要途径。语言建构与运用是语文学科核心素养的基础，在语文课程中，学生的思维发展与提升、审美鉴赏与创造、文化传承与理解，都是以语言的建构与运用为基础，并在学生个体言语经验发展过程中得以实现的。"②

　　语言建构与运用是语文学科核心素养的基础，而提升阅读能力，形成良好语感，正确有效进行交流沟通，明确得体表达，更是语文核心素养基础中的基础。发展语文核心素养需要遵循梯级层级，每个层级有对应需要达到的目标。第一个层级的关键词是积累，通过学习，积累较为丰富的语言材料和言语活动经验，形成良好的语感；在已经积累的语言材料间建立起有机的联系，在探究中理解、掌握祖国语言文字运用的基本规律。第二个层级的关键词是表达，通过学习，能凭借语感和对语言运用规律的把握，根据具体的语言情境和不同的对象，运用口头和书面语言文明得体地进行表达与交流；能将具体的语

---

　　① 中华人民共和国教育部制定. 普通高中语文课程标准（2017 年版）［M］. 北京：人民教育出版社，2018：4.

　　② 中华人民共和国教育部制定. 普通高中语文课程标准（2017 年版）［M］. 北京：人民教育出版社，2018：5.

言文字作品置于特定的交际情境和历史文化情境中理解、分析和评价。第三个层级的关键词是整合，在学习过程中，通过梳理和整合，将积累的语言材料和学习的语文知识结构化，将言语活动经验逐渐转化为具体的学习方法和策略，并能在语言实践中自觉地运用。也就是说，语言积累与建构、语言表达与交流、语言梳理与整合，构成了语文学科核心素养"语言建构与运用"方面的基本内容，三个层级中最为重要的是语言表达与交流，它起着承前启后、勾连上下的重要作用。因此，能够运用口语和书面语特别是书面语言进行准确、深刻、灵活、生动的表达，就成为发展和评价语文学科核心素养最为关键的指标。

对于中学生而言，经历了多年的语文学习与作文训练，写人、记事、摹景、状物，记叙、描写、抒情、议论，审题、立意、构思、结构，选材、主旨、纪实、写虚……如果进行一下与作文有关的关联词语罗列，相信每个人都能列出一大串。但总体而言，再现客观事物与表现主观情意，是作文训练梯度中最基本的两个方面，是运用语言文字进行书面表达最基础的两个环节。在这一节，首先谈谈再现客观事物。

作文需要材料，材料来自生活。对于中学生而言，家庭、学校、社会构成了生活领域的基本圈层。由于出生环境、成长阶段、年龄特点等方面的不同，每个人接触不同生活圈层的深度和广度会有所区别，但不管置身何种圈层、经历哪种生活，每天遇见的人、经历的事、眼见的景、目睹的物，就组成了一个人所接触的客观实在，构成了一个人基本的生活场景。于是，自然而然，个人就会对客观实在的外物有观察感受，对体验历经的场景情景有感知思考。当观察感受与感知思考积累到一定程度，就会产生表达需要，想把这些感受写出来，让别人有所了解，与他人共享认知。再现客观事物，就是把自己生活中有意义、被触动的所见所闻，如实客观地表达出来。

再现客观事物，最经常用到的表达方式是记叙、描写和说明。

一、记叙

记叙，是写作最基本的一种表达方式，就是通过记录，把人物的经历和事物的发展过程明晰晓畅地表述出来。我们在作文训练的初始阶段，首先练习的便是用记叙这一表达方式写成的记叙文。

作家铁凝写过一篇题目为《一件小事》的文章，对自己迷恋打针的经历进行了详细的叙述。

文章开篇即交代了时间："15岁那年，我很迷恋打针，找到母亲一位在医院工作的朋友做老师，向她学会了注射术。"点名了人物：一位邻居；指出了地点：自己家里。"每日的下午，我放学归来，便在我家像迎接公主一样迎接我的病人。一连数日事情进行得都很顺利，我的手艺也明显地娴熟起来。熟能生巧，巧也能使人忘乎所以乃至贻误眼前的事业。"这天，病人又来了，在两人聊天的过程中，忘记了在煤气灶上煮着的针锅。待到突然想起时，"打开针锅观看，见里面的水已烧干，裹着针管的纱布已微煳，幸亏针管、针头还算完好"。由于不想让病人发现，就"装作没事人似的，又开始了我的工作"，结果"一次次往下扎，针头一次次变作弯钩"，只好宣布自己的失败，"半掖半藏地收起我那难堪的针头，眼泪已噼里啪啦地掉下来"。

"我的邻居显然已知道背后发生了什么事，穿好衣服站在我眼前说：'这不是技术问题，是针头退了火。隔一天吧，这药隔一天没关系。'

"邻居走了，我哭得更加凶猛，耳边只剩下'隔一天吧，隔一天吧'……难道真的只隔一天吗？我断定今生今世她是再也不会来打针了。

"但是第二天下午，她却准时来到我家，手里还举着两支崭新的针头，她像什么事也没有发生过一样，微笑着对我说：'你看看这种号对不对？6号半。'

"这次我当然成功了。一个新的6号半，这才是我成功的真正基础吧。"

从以上所引的例段中，可以看到，作者对因一次意外打针失误的过程写得详细而具体。整篇文章读下来，事情发生的时间、人物、地点、经过、结果交代得清晰明了。文章的结尾两段写道：

"许多年过去了，每当我因为一件小事的成功而飘飘然时，每当我面对旁人无意中闯下的'小祸'而愤愤然时，眼前总是闪现出那位邻居的微笑和她手里举着的两支6号半针头。

"许多年过去了，我深信她从未向旁人宣布和张扬过我那次的过失。一定是因了她的不张扬，才使我真正学会了注射术，和认真去做一切事。"①

---

① 铁凝. 回到欢乐［M］. 郑州：河南文艺出版社，2009：13-14.

这篇文章运用记叙的表达方式，再现了作者 15 岁时所经历的一件具有特殊意义的小事，表述清楚畅达与情感朴实真挚之外，人性之善之美也使得阅读者感怀动容。

二、描写

描写，是对人物、事件、景物、环境等进行的细致描绘与刻画，主要在于通过描写这一表达方式，把人、事、物、景的状貌、情态、特征等生动形象地表现出来，以语言文字绘形绘声绘色，以多种手法入形入神精刻细画，使读者如见其容、如闻其声、如临其境，增强文章的感染力。王鼎钧先生对描写的作用进行了形象的说明：

"我们要好好地体会这个'描'字。现在轮到我们'描'出景象，供别人去温习去想象。我们'描'，并不借重线条，而是使用语文。例如李后主：

"晚凉天净月华开

"漂漂亮亮，简简单单，干干净净，却是让你百看不厌，像双钩描出来的名家的字。

"好的描写可以使我们对久已熟悉的事物有新的感受。

"好的描写使我们对陌生的事物恍如亲见亲历。"[1]

自然界的景物，大社会的人物，一些典型生动的细节，人的外貌、语言、行动、心理等，都可以进行描写。

张爱玲在《秋雨》中对秋雨做了详细的描写：

"雨，像银灰色黏湿的蛛丝，织成一片轻柔的网，网住了

---

[1] 王鼎钧. 作文七巧 [M]. 北京：生活·读书·新知三联书店，2019：69.

整个秋的世界。天也是暗沉沉的，像古老的住宅里缠满着蛛丝网的屋顶。那堆在天上的灰白色的云片，就像屋顶上剥落的白色的粉。在这古旧的屋顶的笼罩下，一切都是异常的沉闷。园子里绿翳翳的石榴、桑树、葡萄藤，都不过代表着过去盛夏的繁荣，现在已成了古罗马的建筑遗迹一样，在萧萧的雨声中瑟缩不宁，回忆着光荣的过去。草色已经转入忧郁的苍黄，地下找不出一点新鲜的花朵；宿舍墙外一带种的娇嫩的洋水仙，垂了头，含着满眼的泪珠，在那里叹息它们的薄命，才过了两天的晴美的好日子又遇到这样霉气薰薰的雨天。只有墙角的桂花，枝头已经缀着几个黄金一样宝贵的嫩蕊，小心地隐藏在绿油油椭圆形的叶瓣下，透露出一点新生命萌芽的希望。

"雨静悄悄地下着，只有一点细细的淅沥沥的声音。橘红色的房屋，像披着鲜艳的袈裟的老僧，垂头合目，受着雨的洗礼。那潮湿的红砖，发出有刺激性的猪血的颜色，墙下绿油油的桂叶成为强烈的对照。灰色的癞蛤蟆，在湿烂发霉的泥地里跳跃着；在秋雨的沉闷的网底，只有它是唯一的充满愉快的生气的东西。它背上灰黄斑驳的花纹，跟沉闷的天空遥遥相应，造成和谐的色调。它噗通噗通地跳着，从草窠里，跳到泥里，溅出深绿的水花。

"雨，像银灰色黏濡的蛛丝，织成一片轻柔的网，网住了整个秋的世界。"

短短的三段文字，作者以细腻温婉的笔触，综合运用比喻、拟人修辞格，由天空至地面，从植物到动物，对雨中景象进行了生动的描写。动静结合的场景特写，低暗色调的敷色调配，写活了秋雨的沉闷萧瑟、苍茫忧郁之美。

在运用描写时，一方面，要抓住人物或事物的特点。譬如写人，最重要的是写出最能表现一个人的性格特点的内容，也就是鲁迅先生说的："要极省俭的画出一个人的特点，最好是画他的眼睛。我以为这话是极对的，倘若画了全副的头发，即使细得逼真，也毫无意思。"[①] 这就是"画眼睛"的描写方法。另一方面，要考虑服务文章的主题。如果是为了塑造人物，就要为人物性格服务。如果在文中要进行服装描写，就要做到像我国现代著名作家茅盾先生曾说的那样："人物服装的描写不是没有目的性的，不应该为描写服装而描写服装。"

此外，描写一般要生动、充分，具有鲜明的感情色彩，达到以情动人。同时，进行整体感较强的描写，也能够使描写的作用发挥得更充分。

三、说明

说明，是用简明扼要的语言，把事物的真实情况，实事求是、恰如其分、顺畅便捷、清楚明白地表述出来。从说明内容讲，有状貌特征、位置方向、操作过程、发展进程、事理性质等。

来看我国桥梁专家茅以升在《最早的桥》一文中对说明的运用：

"在人类历史以前，就有三种桥。一是河边大树，被风吹倒，恰巧横跨河上，形成现代所谓的'梁桥'，梁就是跨越的

---

① 鲁迅. 我怎么做起小说来［M］//鲁迅全集：第 4 卷. 北京：人民文学出版社，2005：527.

横杆。二是两山间有瀑布，中为石脊所阻，水穿石隙成孔，渐渐扩大，孔上石层，磨成圆形，形成现代所谓的'拱桥'，拱就是弯曲的梁。三是一群猴子过河，一个先上树，第二个上去抱着它，第三个又去抱第二个，如此一个个上去连成一长串，被地上的猴子甩过河，让尾巴上的猴子，抱住对岸一棵树，这就成为一串'猿桥'，形式上就是现代所谓的'悬桥'。梁桥、拱桥和悬桥是桥的三种基本类型，所有千变万化的各种形式，都由此脱胎而来。

"因此，世界上最初出现的人造的桥就离不开这三种基本形式。在最小的溪河上，就是单孔的木梁。在浅水而较大的河上，就是以堆石为墩的多孔木梁。在水深而面不太宽的河上，就是单孔的石拱，在水深流急而面又宽的大河上，就是只过人而不行车的悬桥。"

这两段文字，通过运用说明这一表达方式，以言简意赅的语言，运用作比较、分类别的说明方法，把桥的类型介绍得一清二楚。

运用记叙、描写和说明表达方式的目的，都是为了再现客观事物，只不过在行文时侧重点有所不同：记叙重在陈述过程，描写重在刻画形象，说明重在解说状貌。在实际写作过程中，以上三种表达方式并不是截然分开、壁垒鲜明的，而是在以一种表达方式为主的情况下，你中有我、我中有你，互相结合、有机融入，以更好适应不同题材、体裁的特点，更好实现写作目的。

第五讲　表情达意

　　文由心生。作文，再现客观事物是重要一极，表现主观情意是有分量的另一极。甚至从文章的交流作用看，表达写作主体的自我情感更为常见。"情"，指的是写作主体的喜怒哀乐、爱恶好憎。"意"，说的是作者的思想意旨、观念理想，常反映作者的生活态度、精神追求，乃至思维模式。不管是再现客观事物还是表达主观志意，作文，都离不开写作主体情感的积极主动参与。

　　《毛诗大序》中言："诗者，志之所之也，在心为志，发言为诗。情动于中而形于言……"① 说的就是诗歌表情达意、抒怀言志的传统，文章内在情感与志意怀抱在情感层面达到了有机统一。

　　班固在《汉书·艺文志》中写道："自孝武立乐府而采歌谣，于是有代赵之讴，秦楚之风，皆感于哀乐，缘事而发。"说的是汉代乐府民歌创作，常来自现实生活，源于具体事物，抒发自身感受，有着强烈的现实性和文学性。这里，来自民间的"事"是缘起，蕴藏在民歌中的"情"由"事"发。汉乐府

---

　　① 张少康. 中国文学批评史资料选注［M］. 北京：北京大学出版社，2013：33.

民歌表现主观情意自然真挚，风格清新朴实，现实气息浓郁，产生了超越时空的永恒艺术魅力。这也是汉乐府历久弥新、为人所爱、经久流传的原因。而"缘事而发"，也就成为我国古代文学创作的优良传统，并对后世的文学创作和一般文章的写作产生了广泛深远的影响。

其实，不管是古代还是现代、雅士文人还是民间写手、作诗还是著文，都是生活感受唤醒内心情感，情感淤积激发写作欲望，借由语言文字表达自我情感，完成作品创作。接下来，文章经传播阅读，表达情感为读者所体验，创作作品完成了由现实激发→情感产生→写作冲动→出版传播→读者阅读→体验情感→产生共情的迁移过程，文学的功能得以发挥。以接受文学的理论，从写作主体到阅读主体，从创作者到接受者，在阅读和欣赏的过程中，读者基于自身特有的审美经验和鉴赏能力，对作品传达的内容信息、主旨意义进行了主动的选择、创造、融入，或者扬弃、屏蔽与隔离，接收阅读的活动赋予了作品不同于作者所思所想的新知新意，深化了作品的价值，提升了作品的意义。这是从接受层面谈到的价值，具有另发他端的意义。

究其本质，古今中外的经典作品与优秀作品，无不感于外物，情动于内，有感而发。写作主体浓烈真挚情感的注入，为作品烙上了鲜明的个性色彩与特有的艺术风格。

"情""事"也好，"志""意"也罢，主观情意的表达都要真实求诚，不能是空穴来风、无缘无故。表达基于"实事"，即为"缘事而发"；笔下注入"真情"，即为"情动于中"。有了"实事"无"志意"，做出的文章就是提线木偶、剪纸窗花、泥胎木塑，缺少生机和活力，多了凝滞与机械；有了"志意"无"实事"，笔下的文字就是空中楼阁、雾里看花、海市蜃楼，少了根基与来由，多了做作与伪情。只有"事""情"联姻、互为应对，才能更好地表现主观情意。①

郭抟清先生在其所著《中学作文法》一书中，谈到了对于"文章必须真实"的看法："作文是要发表自己的思想情感给别人知道。如果我们心中本来没有这样思想情感，却去做表示这样思想或情感的文章，便失去了做文章底目的。这样的文章，外形无论怎样美好，只是一篇诳语。有一个笑话，说一个人做了两句诗，'舍弟江南没，家兄塞北亡。'别人怜惜他境遇底悲惨，那诗人说：'我本来是独养子，此诗不过取其对仗工整罢了。'做不真实的文章，也实在像那诗人般的无聊，徒然使别人失笑。肚子饿了，说很饱，是诳语；心里不快活的事，把他做成表示很快乐的文章，也是说诳。毫无目的的说诳，不但丧人格，何苦费心费力。所以我们必须有了怎样的思想情感，才去做怎样的文章。"

对于真实的意义，他又分析道："上面所说的真实，并不是说文章须把思想情感，一件件记帐（今写作'记账'）般的记出来。所谓真实，不是指文章底外形的，是指文章底内容的。譬如肚子饿的时候，到朋友家里去，那朋友正在吃饭，问你肚子饿不饿，就要请你吃饭，你为了客气起见，说声'请自便，我不饿'。这我们不能说是不真实，因为这句话的真意思

① 郭抟清. 中学作文法 [M]. 郑州：文心出版社，2019：6-7.

是客气，并不是着重在饿不饿的问题，而且朋友也知道你客气的意思，所以这话的目的是真实的，'我不饿'的话，不过是客气的手段罢了。倘使肚子饿了的时候，却自己对自己说，'我很饱'，'我不饿'，那便是不真实了。小说的事实，多是虚构的，诗词多是夸大的，但并不能说他们（今写作'它们'）不真实。因为虚构的事实和夸大的辞句，不过是手段，目的却在表示作者真实的内心。譬如愚公移山的故事是寓言，真实的用意，不在说移山这件事，而在说有志竟成。如果作地理书，说汉之阴冀之南，本来有太行王屋二山的，后来是愚公移去的，那便是十足的虚伪了。李白底名句'黄河之水天上来，奔流到海不复回'。他底实在主意，在形容黄河之奔放，而李白底内心，确有这样的实感；他底目的并不在说黄河之水是否天上来的问题，所以是真实的。如果我们因为黄河泛滥，研究治理黄河底方法，说黄河之水是从天上来的，没有方法可治理，那岂不是笑煞人的话！所以文章底真实，在乎内容，不在外形，在乎目的，不在手段。"[1]

这正是表情达意层面谈写作者的求诚态度与主观情意的真实表达。

表现主观情意离不开抒情与议论。

一、直接抒情

打开心中激情喷涌的决口，直接倾吐感情、发抒块垒，为直接抒情。

---

① 郭挹清. 中学作文法［M］. 郑州：文心出版社，2019：7-8.

我们来看刘心武先生的《白桦林的低语》一文：

从大兴安岭回来以后，我一直怀念着你。

那森林边的草地上，野牡丹和野百合开过了，现在是什么样的野花在怒放？我的思念越过蜿蜒曲折的小溪，升到高高的冈峦上，在塔亭般的瞭望楼里，我要同你一起倚窗外望……

窗下是茫茫林海，随着山峦起伏，绣出层层叠叠、浓浓淡淡的绿浪。紧靠着瞭望楼的是一片白桦林。银白的树干、灰绿的树冠，随着阵阵山风，摇曳着身躯和手臂，仿佛在向我们低吟浅唱……

看林人啊，我的兄长，我们在那瞭望楼上只相聚了几个小时，但林业工人那颗纯洁的心，却永远涤荡着我灵魂中的浮躁与狂妄。

你有烟瘾，但在岗位上，你的口袋里绝没有一撮烟草、一根火柴棒。不错，你怀里揣着一小瓶酒，但你给自己规定：每两小时喝一口，绝不违章。你不带书报，不是你不爱看，而是你的双眼必须随时注意四周的情况——哪怕是一缕淡淡的细烟，也不能忽略轻放！你带了一台半导体收音机，但除了收听天气预报，你甚至不去收听你最喜爱的歌曲，因为你的双耳必须随时捕捉远近异常的音响——哪怕有人偷伐一棵小树，你也不能将他原谅！

我问你："寂寞吗？"你笑了，笑得那么爽朗，那么豪壮。你教我从各种鸟鸣中听出旋律，你教我从各种树姿中产生联想。你对我说："森林是大地的绿毯，我们要把这厚厚的绿毯，一直铺到北京城的边上！"

怀念你啊，看林人！自从分别后，我又走过了那么多地方，你却日复一日，同你的伙伴们倒班守望在那同一塔亭上。四面风来时，塔亭里发出轰轰的震响。你一定还在睁大双眼，警惕着邪火出现的征象。在默默的思念中，我激励自己要有你那样的胸怀，你那样的目光……

白桦林该还在向你絮絮低语，你该还在用专注的神情同他们倾诉衷肠。在白桦林的低语中，愿你听到我的声音——我还要到大兴安岭去，如一滴雨，如一片雪，充满渴望地投向森林和你们的胸膛！①

文章直抒胸臆，对林业工人坚守岗位、甘受寂寞的奉献给予热烈歌颂，对守林员的豪情壮志、高迈情怀进行深情赞美，对护林人的纯洁无私、兢兢业业直笔浓情颂扬，也把自己对他们的思念敬佩畅怀倾诉表达。作者笔下的情感如此滚烫、炽热、真诚、浓烈，如决堤的潮水深深地感染着读者，在读者心中激起一波还未平息一波又在涌起的情感浪波。

二、间接抒情

更为常见的是间接抒情，这时的抒情经常和记叙或议论两种表达方式结合起来。表现形式一般有：因事动情，字间含情；寓情于物，借物言情；寄情于景，以情染景；议论精辟，情理交融。

薛钰同学的《当春风拂过脸颊，我想起妈妈》一文中，叙述了这样一件事：

"背着沉沉的书包走在校园，一阵清风迎面拂过，我被霎

---

① 刘心武. 白桦林的低语 [J]. 写作，2011（6）：24.

时映入眼帘的嫩绿晃了一下眼。从几时起，柳絮翻飞，杨树飘花，校园里已姹紫嫣红了？是我遗忘了季节，还是季节懒于眷顾忙碌的我？只是那一缕缕暖煦的春风，今日硬与我撞了个满怀，不由得，我想起了妈妈。

"…………

"一次，测 800 米时，我的脚崴住了，还不轻，疼得我龇牙咧嘴。去校医室看，抹了红花油，不管用，走路一瘸一拐的。没办法，向老班请完假后向老妈报告。我是嘻嘻哈哈地汇报，并无多少在意，害怕她担心。可老妈毕竟是老妈，详细询问之后，不到一个小时便到了学校。接住我直奔医院不说，回家后我算是成了靠墙的拐棍——不能动了。

"抹药，消肿止痛。

"买塑性袜固定受伤部位。

"炖排骨汤促进恢复。

"别乱走动，卧床休息。

"医生说的，她完全照做了。医生说有助于恢复的，她一字都不落地记下。医生说要注意的，更是铭记于心。

"'我的妈呀，你这是把我当成三岁宝宝了呀。你再这样下去，我真不会走路了。'我喊着。

"妈妈扬起手要打我，嫌我乱说话，末了，手却轻轻地落在了我的肩上，'好好养，过两天给我蹦起来！'

"'迟日江山丽，春风花草香。'真的，又一丝微风吹过，轻轻拂过面颊，在仲春柔柔的阳光中，我享受着风的温暖，不觉间，再次想起了妈妈。"

　　小作者通过对自己脚崴后在家休息这一事件平实自然的叙述，含蓄表达了妈妈对自己无微不至的关爱。单独成段的句子，既体现了妈妈前前后后的忙碌和嘱托，更体现了妈妈的时时体贴、处处温情。结尾与开头的诗意照应，春风与妈妈的象征暗示，仅通过一件小事的叙述，含蓄深沉地表达了小作者内心对妈妈的浓厚情感。

　　这是因事动情。

　　贾平凹先生写过一篇《丑石》的散文，因其是一篇上好的寓情于物的散文，刘路先生读到后，在 1983 年 5 月 15 日专门给贾平凹先生写了一封信，对《丑石》的思想内容和艺术手法进行了详细的分析，信件部分内容如下：

　　"就说《丑石》吧！这是一篇托物寄意的散文。文中展现的，仅是一块丑得不能再丑的丑石——宇宙万物的一鳞半爪，但是它却能把读者的思想、感受、想象、情绪，引向一个非常深邃的境界。在你漫不经心的叙述中，浸透出一番发人深思、令人扼腕的哲理：千里马常在，伯乐不常在。流俗和偏见，埋没了多少人才啊！从纷杂的社会生活中，撷取能凝聚出哲理的原料，开掘出启人心智的见解，在我的感受中，那是最费心力的了。因为这种文章，须得'通两头'，一头是作者的'心灵'（感受点），另一头是事物的'物灵'（寄托点），只有找到这方面精确而微妙的联系，方能寓意融切、托物无迹，方无情大于物、思绪游离之感！你写《丑石》，用了一半多的篇幅，极尽渲染丑石之丑，从外形，从质地，从用场，从氛围，使其丑得形神兼备，丑得无以复加。到后来，在天文学家的惊人发现之后，它又美得无与伦比，美得难能可贵了。丑石前后价值的巨大差异，构成了你的'寄托点'，这一寄托点与你的感受点（如你信上所说，不赘）的高度融合，就使读者感受到哲理的力量，领悟出精辟的人生意义！这真是含蓄蕴藉而又寓意精妙！自然物象是人人眼中所有的东西。但自然物象本身，并不包孕丰富深刻的生活内容和动人的思想。只有善于透视生活、敏于思索的作家，才能把对生活的感受，投射到自然物上。正如罗丹所赞许的那些伟大的风景画家那样，善于'在树木的阴影中，在天边的一角中，觑见了和他们心意一致的思想，这些思想有时和蔼，有时庄严，有时大胆'（温·丘吉尔《我与绘画的缘分》）。然后，发物象之灵异，寄人生之精思，并通过艺术描绘把它体现出来，体现得比诗更隽永和自由，比小说更优雅而舒曼——这真是一件不容易的事呢！"①

这是寓情于物。

作家冯骥才的《黄山绝壁松》一文中则是另一种写法。

"它们站立在所有人迹罕至的地方。那些荒山野岭的极顶，那些下临万丈深渊的悬崖峭壁，那些凶险莫测的绝境，常常可以看到三两棵甚至只有一棵孤松，十分夺目地立在那里。它们姿态各异，神情各异，或英武，或肃穆，或孤傲，或寂寞。远远望着它们，会心生敬意；但它们——只有站在这些高不可攀的地方，才能真正看到天地的浩荡与博大。

"于是，在大雪纷飞中，在夕阳残照里，在风狂雨骤间，在云霞明灭时，这些绝壁松都像一个个活着的人：像站立在船

① 贾平凹. 平凹书信 [M]. 西安：陕西师范大学出版社，2018：19-20.

头镇定又从容地与激浪搏斗的艄公，像战场上永不倒下的英雄，像沉静的思想者，像超逸又具风骨的文人……在一片光亮晴空的映衬下，它们的身影就如同用浓墨画上去的一样。

"但是，别以为它们全像画中的松树那么漂亮。有的枝干被狂风吹折，暴露着断枝残干，但另一些枝叶仍很苍郁；有的被酷热与冰寒摧残，只剩下赤裸的枯骸，却依旧充满尊严地挺立在绝壁之上。于是，一个强者应当有的品质——刚强、坚韧、适应、忍耐、进取与自信，它全都具备。

"现在可以说了，在黄山这些名冠天下的奇石奇云奇松中，石是山的体魄，云是山的情感，而松——绝壁之松，则是黄山的灵魂。"[①]

作者表面上是在写景物，写黄山上的绝壁松，实际上是把松树高度人格化了。一棵棵绝壁松姿态多样，神情各异，风格不俗，风骨清奇，似是一个个活着的、大写的人，一个个生活的强者。语言表达上，比喻、排比等修辞手法的运用，更是增加了文章的气势，增强了抒情的效果。这样的叙写把情感倾向融进议论之中，既是议论，也是抒情；既有议理，亦有情感，情感和哲理彼此交融，写作者对黄山绝壁松的由衷的敬佩之情通过文字强烈地表达了出来。

这是情理交融。

如果说"表情"是在情感的层面有所侧重，"达意"则稍多关涉"义理"，当然也不宜做过于绝对化的区分。"意"的表达，"理"的阐释，常因作者对于外界物、事，产生了强烈的

---

① 冯骥才. 黄山绝壁松［J］. 中学生阅读（初中版），2006（5）：44-45.

感情，并由此引发深入的判断思考，需要直陈言辞，表达情感。这时，议论常为抒情助力。只不过，这时的议论为辅佐抒情的大臣，不需要像论说文中的议论那样进行充分翔实的论据支持与严谨周密的逻辑论证，而是一种被强烈感情所支配而做出的深刻判断。

写情理交融的文章时，一般说来，观察愈细致，感悟愈独特，认识愈清楚，思考愈深入，议论对于主题的揭示就愈深刻，升华就愈到位，给读者带来的启示就越大。这样的议论常或以磅礴之语，或以和风细雨，直抒胸臆，直感抒发，往往成为点睛之笔与画骨之作。

无论是直接抒情还是间接抒情，都要有真情实感。表现主观情意最忌虚情假意。真挚，是主观表达第一位的要求。无病呻吟的矫情，空喊口号的假情，言不由衷的伪情，毫无节制的滥情，都与真挚脱轨，偏离了抒情的基本要求。

主观表达情感要具体实在。空泛抽象的"无情"之语，大而不当的虚妄之情，无动于衷的漠然之情，自然与真诚的表情达意相背离，影响情感的抒发。此类抒情，既不能明文章主旨，也不能给读者带去真切的内心感受与情感体验，只能在作者和读者之间竖起一堵隔离的高墙，情感的共鸣也就无打通产生的可能，通过写作进行表达交流的目的就难以实现。

三、抒情有节

表情达意时，感情的倾诉表达要适当节制。关于这一点，要多强调一些。

一般来说，情感的含义包含两个方面：一是人受外界刺激而产生的心理反应，如，喜、怒、忧、思、悲、恐、惊、爱、憎等。如汉代诗人王粲在《柳赋》中写的那样："枝扶疏而覃布，茎森梢以奋扬。人情感于旧物，心惆怅以增虑。"二是感情，也就是对人或事物表示出的不同情感。人的情感是很丰富的，不分上下，没有贵贱，只要是自己的真情就可以如实表现。可感情一旦借助文字表达出来成为作品，就具有了艺术性，就诞生了价值和意义，就能产生多种功能作用。任何真正的艺术都是"自由"和"节制"的统一。就正常范围而言，有效调控的、积极的、健康的情感，能使自己心情愉悦，还能够感染他人。而过度积极或消极、倾诉失"度"的情感则有可能伤人又伤己，削弱作品的思想价值和艺术价值。那么，表达主观情意如何做到节制有度呢？

（一）解除心中顾忌，情感的倾诉不要有范围的限制

可以这么说，只要情动于衷，心有感之，皆可写入文中。志得意满的喜悦、肝胆相照的赤诚、临危不惧的坦然等当然无可挑剔，但是，一败涂地的黯然，遭遇背叛的愤懑，遇险而退的胆怯等，同样无可厚非。一方面，酸甜苦辣的人生历练，悲欢离合的情感体验，这才组成了绚丽多姿的人生。另一方面，人无完人，没有天生的伟人或圣人，个性的形成，人格的完善，并不是一蹴而就的，而是一个不断成长发展、改进提高、日臻完美的过程。坎坷过后可能就是坦途，困境一向是斗志的催化剂，对自我渺小卑微的感喟常常转化为奋起直追一往无前的勇气。奇迹就常常这样产生，成功从来都不是遥不可及，没有绝对的积极情感消极情感的分界线。只要是真诚地打动了自己的心灵，切实地掀起了情感的波澜，都可以倾诉、表达。

（二）树立正确认识，情感的抒发要与做人的品位修养结合起来，使作文与做人和谐统一

作文就是把自己想说的话、想抒的情，用文字表达出来。常言"文如其人"，通过文字大致可以窥见写作者的情操、境界、修养与品格。范仲淹的《岳阳楼记》之所以成为佳作名篇，"先天下之忧而忧，后天下之乐而乐"的名句更是被千古传诵，绝不仅仅是因为其文句式整饬、辞章优美、意蕴丰厚，而是因为从文中透露出范仲淹深切的忧国忧民的情怀和高尚的仁人志士的节操。被朱熹誉为"有史以来天地间第一流人物"的范仲淹，心忧天下，情系黎民，勤奋正直，"不以物喜，不以己悲"，这才能写出那辞约意丰、气度豁达、境界高远的不朽篇章。爱因斯坦在悼念居里夫人时也曾这样说过：第一流人物对于时代和历史进程的意义，在其道德方面也许比单纯的才智成就方面还要大。即使是后者，他们取决于品格的程度，也远超过通常所认为的那样。这句话可以说是范仲淹人品与文品相得益彰的最佳佐证。

因此，人以文彰其情，情因文增其深，人之所想，情之所至，要把作文与做人有机和谐地统一起来，才能达到为文抒情的最高境界。

（三）做到抒情有节，表达有度，个人情感的抒发要符合社会的既定准则

人是社会的一员，就其本质来说，是一切社会关系的总和。也就是说，人的社会性的特质，决定了社会不是以单个的自我为中心，还会有大家、国家，还会有集体利益与国家利益。具体到作文中就是说，个人情感的抒发要与集体情感和社会情感的价值目标、价值取向、价值判断统一起来。就如同没有绝对的自由一样，要抒发纯粹的无任何限制的情感自由也是不存在的。譬如，有位同学在《我的愿望》一文中写道："我想成为一个有着无限神奇法力的神仙，把我痛恨的人统统斩立决，杀无赦；我想成为一个人们心中仰慕的英雄，与绝代佳人喜结良缘；我想变身为比尔·盖茨，拥有亿万家产，无所事事，周游世界，赏尽天下佳景良苑，尝遍人间美味佳肴；我还想觅食仙丹，永葆青春，永远活在人间。我的这些愿望什么时候才能实现呢？"

其实，逍遥的神仙也有是非观，有法力也不能胡作非为；英雄当是理大事担重任为国为民才能称之，为人敬仰；比尔·盖茨即便为世界首富依然敬业进取，回馈社会；更何况哪里能有让人青春永驻的仙丹妙药呢？应该说，类似的想法在人的头脑中偶尔快速地一闪而过是可能的，也是正常的，但是把这些稍纵即逝的念头当成人生追求的理想，奢望一步登天，不劳而获，家财万贯，这样的理想不仅是痴人说梦，更让人在唏嘘感叹之余，读出只为一己之利的自私与渺小。这样的诉说可能是真实的，但却与社会倡导的情感取向与价值理念背道而驰。因此，情感的抒发要张弛有度，违反常情的矫情，虚假空洞的伪情，毫无约束的纵情，过度张扬的滥情，这些情感如果以最原始的状态出现在文中，无疑是对人类普遍存在的最伟大情感的亵渎。

（四）积极调控情感，化解不良情绪与消极情感，逐步走向情感成熟

月有阴晴圆缺，路有坎坷曲直。人生途中，有"春风得意马蹄疾，一日看尽长安花"的意满志得，有"壮志饥餐胡虏肉，笑谈渴饮匈奴血"的豪情壮志，有"时复墟曲中，披草共来往"的闲适悠然，当然也有"长太息以掩涕兮，哀民生之多艰"的忧叹，有"循阶除而下降兮，气交愤于胸臆。夜参半而不寐兮，怅盘桓以反侧"的苦闷，有"世胄蹑高位，英俊沉下僚"的不平。这些或激昂有致或沉郁顿挫的真情实感都可以抒发。如果单写"捐躯赴国难，视死忽如归"的英勇悲壮，又哪会有"凭君莫话封侯事，一将功成万骨枯"的沉痛谴责？如果单写"老骥伏枥，志在千里。烈士暮年，壮心不已"的积极奋发，又哪有"对酒当歌，人生几何？譬如朝露，去日苦多"的悲凉感叹？

但是，如果陷入极度消极的情感不能自拔，满纸的悲情主义、虚无主义，一味地哀苦忧愁，只在"小我"的世界里低回咏叹，割裂了与"大我"的纽带与联系，游离于家国之外，这样抒发的情感又有什么意义呢？这就要求在抒情时，要以一个社会人的身份来抒发情感。在深刻认识生活、理解社会的基础上，树立积极、健康、正确的人生观，通过丰富自身内涵，提高自身修养，使自己的情感逐步成熟，把不良情绪与消极情感转化为积极情感，这样不但符合诉真情、说真话的写作要求，能够把自己的主观情意很好地表达出来，而且符合社会对真、善、美的情感期待与价值导向，自然会引起读者的共鸣。

子曰："七十而从心所欲，不逾矩。"为文抒情也须有度。在作文时，文章的内容要是真实的，写作者态度与情感的表达也要是真实的、健康的、美丽的、积极的，而不能是虚假的、病态的、伪饰的、矫情的。要体现出作者的人格魅力与品位修养，体现一个学子所具有的社会角色的责任感。以听到、看到或感受到的丰富的生活为基础，以表达我的喜怒哀乐为由头，由此找到抒发情感的突破口，从心所欲地表达而不逾矩，做到表情达意有节、有度，写出自己对生活和人生的独特思考和深刻感悟。

第六讲　凸显个性

　　作文要有个性，是说一个作者的作品要与他人的有着明显的不同。文章有了个性，其独有的特色就会凸显出来。通常情况下，文章的个性越鲜明，越标新立异、独树一格，越是容易受到读者的欢迎和喜爱。

　　文章的个性创新主要表现在内容和形式方面。

一、内容方面

　　从内容来说，个性首先来自作者对生活的独特观察、感受、体验与思考。要善于观察周围的生活，培养热爱生活的意识，养成用心感受生活的习惯。在注重生活真实的基础上，捕捉生活万象与自我心灵碰撞产生的契合点，而后以积极的心态认真领会，做到观形而思神、观物而思理、观此而思彼、观果而思因、观难而思解，深入思考生活。会观察，能感受，勤思考，就能从繁复万状的日常生活中捕捉有用的、关键的信息，不断发现新知、探求真谛，作文时自然有其独到之处，文章因而就具备了个性特质。可以说，细致翔实的观察、入身入心的感受、缜密深入的思考，是加深文章意蕴的点化石，是思绪飞扬的催化剂，更是赋予文章鲜明个性的魔法棒。

芸芸众生，每个人的生活经历、禀赋气质、文化修养、审美情趣各不相同，决定了不管是身处不同情景还是同一情景，不管是面对相同事物还是各异事物，感受体验自然是有差异的。再者说了，生活的每一天都会发生大大小小的新鲜事，自己一时也会产生新的感受，这些事情与感受或许微不足道，但其中正蕴藏着自我最生动、最真实、最独特的体验，作文时把这些真实的感受表现出来，文章的个性也就出来了。

想想也是情理之中。自然，作为写作主体的"我"，是唯一的我，这唯一既有相貌、语言、性格、气质等外在表现，又有思想、情感、意志、心灵等内在特质。每个人的生活环境、成长故事、人生轨迹各不相同，这才避免了千人一面、众口一词，组成了多姿多彩的大千世界。于是，你安于你的悠闲，我享受我的紧张；你追寻你的潮流，我固守我的传统。你恬静优雅似大家闺秀，我开朗活泼如花下湘云；你对电影如痴如醉，我对读书情有独钟。于是，迥然不同的舞台主角各具风采，异彩纷呈的生活故事不断上演，一幕幕，一场场。那么，在作文中，我自是在说着我的生活，特立独行、独一无二的生活。作文又怎么会陷入窠臼的漩涡没有个性的潮流呢？

小作者张馨月在《杨梅树上的野趣》一文中，详细记叙了自己摘杨梅的经历：

"杨梅树很高，有三四米。可我不怕，我向来野。来到树下，左脚踩在结实的枝干上，右脚向上踏，同时手也扒着树开始向上摸索。手再向上伸，左脚猛地一蹬，整个人就贴在了树上。一踏，一摸，一蹬，再一踏，一摸，一蹬，我就这样一点一点地向树冠爬去。当我的双脚站在树杈间，透过茂密的树叶眺望远处的车道和瓯江时，我由衷地感到快乐。

"爬上杨梅树可不单单是为了看风景，摘杨梅才是正业呀！手扶着最粗的树枝，一脚轻轻落在向外伸展的树枝上，我不由得向下一看，浑身像被倒了一桶冰水，顿时变得僵硬无比。我机械地斜了斜眼珠子，向父亲求救，可父亲在杨梅树的另一头专注地摘杨梅，并没有听到我的呼喊。

"我站在树上十分无助，汗珠顺额头往下落，流进眼睛里，涩疼。

"'摘一颗杨梅放嘴里！'不远处传来父亲的喊声。我慌忙摘下离我最近的一颗杨梅，塞进嘴里。啊！我的舌头！一种酸涩混着微苦的味道在舌尖荡开，一下又一下地刺激着我的味蕾，好像烟花在口中燃放了一样。这种味道不仅刺激着我的味蕾，也激发了我的勇气。我立马锁定一颗紫红的杨梅，把它摘下来扔进嘴里，一股清甜的味道在口腔中绽放。我再低头一看，大笑道：'有什么好怕的！'于是，我一手拉过杨梅枝，一手快速摘下杨梅，放进脖子上挂着的篮子里，不一会儿就摘了一大篮。

"下了杨梅树，看着自己灰扑扑的衣服和乌黑的双手，我忍不住笑了。坐在树下，我一边吃着自己的战利品，一边赏着被夕阳染成朱红的瓯江，心情格外晴朗。"①

小作者把动作描写和心理描写巧妙地结合起来，写出了自己初始爬上杨梅树时的快乐，向下看时的惊慌、胆怯、无助，

---

① 张馨月. 杨梅树上的野趣［J］. 作文，2019（7-8）：11.

鼓足勇气拉过杨梅枝快速摘下杨梅的开心，既把摘杨梅的过程写得生动有趣，又写出了内心情绪的起伏跌宕。把这单单属于自己的生活体验写出来，作文就有了独特的个性。

文章有了个性，就具有了创新性。如果说文章的个性是一个作者作品与其他作者作品的不同，那么，创新则指的是一篇新作与已有文章的比较，是每一篇文章的独特创造。创新可以是就一个作者不同作品之间的比较而言，也可以是就不同作者创作的不同作品的比较而言。可以这样理解，个性较为侧重于不同作者，创新较为侧重于不同作品。

了解了这个细微区别，就个性与创新的关系而言，一般来说，有个性的文章就会有创新。

文贵创新，不言而喻。可实际上，缺少鲜明个性，创新乏善可陈，是不少中学生作文的一大通病。

要么，题材陷入老生常谈：言亲情必是下雨送伞，生病熬汤；言师恩必是伏案劳作，谆谆教诲；言友情必是先生罅隙，后消误解。材料已经老套陈旧到骨灰级了，读来自然味同嚼蜡，索然无味。

要么，思想往往囿于常见：拾金不昧好少年，见义勇为在水边；一献爱心就捐钱，尊敬老人敬老院；忠勇之义唯关羽，忍辱负重司马迁；傲视权贵李白在，心忧庙堂杜甫言。这样的观点与论据经常出现在同学们的作文中，让人一见就心生恐惧，不忍卒读。

要么，表达滞留模仿泥潭：为着升学应试目的，套写所谓满分作文、公认范文，只是一味宿构模仿，缺少自得之见；或是对着作文评分标准，揣摩阅卷老师心理，担心求新立异破格出格，得不偿失；或者作文时紧张迟疑，心态与笔端都急急促促、踉踉跄跄，缺少从容徐徐的思考习惯与语言习惯，使得表达或陈陈相因、循规蹈矩，或顾此失彼、时露破绽。

如何使下笔之文具有独特性、创造性？

思想新是首要前提。

因为思想是文章的灵魂，思想创新最为重要。一则，不论是宏观世界还是微观世界，不管是外在事物还是内在心灵，都在不断发展变化；再则，人们对客观事物的认识也在不断深入。这就为"思想的新"提供了产生的土壤。要葆有自身立场，不为他人左右，在新思考、新思想、新发现中，记自见之物，抒自有之情，明自得之见，追求自身"精神的自由"。对于中学生而言，要求写出超越前人的新的思想认识常常较为困难，但是，使笔下所写的每一篇文章都有新的思想却要成为一个努力的目标。只要有意识地求新思考，哪怕是发现了一点新论据，编出了一个新故事，塑造了一个小的新人物，描绘了一处新景象，作文的新意就层层迭出了。

刘思蕊的《风波》一文，记叙了同学之间因为追星产生的波澜。

课间，同学们因追的"爱豆"不同，在你来我往的讨论中渐渐变得忿忿不平，每个人都为自己追的明星据理力争，对别人的全力反击，于是：

"此时整个教室弥漫着一股火药味，看热闹的同学也越来越多。剑拔弩张之际，本班正在专心刷题的'学霸姐'——罗丽曼'噌'的一声站了起来。'争么？争什么？争赢了，你们偶像会给你们颁奖不成？争出高低就成英雄啦？怎么不见你们在学习上争个输赢呢？'这一连串的反问，让我不禁想起这次月考的成绩来，连忙低头不吱声了，再偷偷瞟瞟杨羽彤，只见她的脸也红到了脖子根。

"罗丽曼抬起手腕上的手表看了看，继续教训道：'正是因为明星身上有我们所不具备的闪光点，所以才会有"追星族"的产生。有朝一日，等你们也拥有了闪光的一面，自然也会有人仰慕你们，现在又何必把时间浪费在这些无用的争论上呢？有这闲工夫还不如思考下怎样提高自己，未来能与偶像比肩呢！'

"'不如我们下次一起来讨论怎样使自己变得更优秀吧？'杨羽彤首先发声，我也连连点头表示赞同，其他同学甚至鼓起了掌。

"这一场争论就这样在掌声中结束了，而这一场风波也给我们上了一堂课——追星本没有错，错的是我们追寻的方向。不要光盯着偶像的光环，而要去发掘其闪光的内核，然后努力奋斗，让自己越来越优秀，让人生更加出彩！"①

一番因追星引起的小小风波，一场在争论中产生的你我异见，借由一名同学罗丽曼之口，作者道出了自己对追星的思考。正是作者的独立看法，使得作文具有了强烈的个性色彩。

---

① 刘思蕊. 风波 [J]. 作文，2019 (7-8)：22.

二、题材方面

题材新是基础要义。

社会生活中的新事物，具有时代特点的新现象，标记百姓关注的新热点、新话题，当然是新题材的选择范围。可是，对于不谙人情、涉世未深的中学生而言，这些较为宏大的题材，既难以把握，准确理解其"新"的本质核心，也难以表达，作文时不易说深说透，有时还会产生大而不当、笼统泛化的嫌疑。不妨立足自身视角，从小的方面观察切入，写出只有自己亲自尝受、真切感知的东西，这样文章也会因自我角度的新颖独有的观察体验，有了个性，有了创新。

来看一篇例文中的片段：

"画糖人正在熬糖浆，一口大锅里盛着浓稠的糖浆，小气泡从锅底源源不断地涌上来，汇聚成剔透的大气泡，气泡每破裂一个，人们的心弦便跟着颤动一下。

"眼看着锅中的颜色越来越深，在糖浆变成金黄的那一瞬间，画糖人立刻停了火，迅速搅拌着糖浆。浓郁的香甜气息顿时扑鼻而来，使人如痴如醉。这甜蜜牵引着人们的思绪，似乎将人牵回到美好的童年，一切烦恼忧愁皆被抛在脑后。

"画糖人轻轻用小圆勺舀起糖浆，将其移到工作台上方略微倾斜，糖浆便缓缓地流下来。他以勺作笔，以糖为墨，凝神静气，运腕走勺，一抖、一提、一顿、一放，忽快忽慢，忽高忽低，飞丝走线，粗细有致，收放自如，自然成趣。

"画完图案后，他将身子稍稍直起，转了一下手腕，随即抬起手，糖丝便缓缓收了尾，干净利落，轻松自如。

"顾客们纷纷叫好，掌声连绵不断。他却非常沉稳，尽管周围十分喧闹，他的手却没有半点抖动。他静静地看着糖画，看到糖画作品完成，满意地笑了，这糖浆似乎也甜蜜了他，抚平了他脸上的皱纹和手上的老茧。

"对于他来说，制作糖画仿佛并不只是一个挣钱的手段，那些糖画不仅是一件件商品，更是他最亲密无间的好友。这糖画陪伴了他大半生。

"糖浆快干时，他在图案正中放上一根细长的竹签，接着用铲子小心翼翼地将糖画铲下，递给客人。

"我也买了一个，在阳光的映射下，糖画栩栩如生，玲珑剔透。轻轻品尝一口糖画，甜蜜一直蔓延到心底。"

赵紫璇同学在《糖人》一文中，详细叙述了画糖人师傅制作糖人的过程，主要人物的专注专一、沉稳细致，围观顾客的喝彩叫好、连绵掌声，正面描写与侧面烘托两相结合，使得精彩的场面描写与个性的人物塑造都具备了。作者用自己的笔，写出了细致观察后的生活小事与自我感受，不消说，作文的新意自然呈现出来了。

三、形式方面

表达形式新是外在要求。

形式对于凸显作文的个性也具有重要的作用。形式之于内容，就好比形体之于精神。文章的形式就好比书籍的封面，思想精深、装帧精美是一部好书必须具备的两个条件，缺一不可。作文也是如此，富有新意的内容与新颖的形式要相辅相成。甚至在 19 世纪末西方现代主义思潮出现之后，把对艺术形式自身审美价值的重视推向了一个新的高度。英国文艺批评家克莱夫·贝尔（Clive Bell，1881—1964）更是提出了"有意味的形式"理论，认为艺术作品的基本性质就在于它是"有意味的形式"，作品的各个部分之间经过独特的排列组合起来的形式是"有意味"的，起着主宰作品的作用，对于唤起阅读者的审美体验与情感体验具有非常重要的作用和价值。克莱夫·贝尔对艺术作品形式美特征的审视，虽然在一定程度上否定了艺术形式同社会现实、作品内容、生活情感体验等方面的联系，是更多着眼于作品外在艺术形式表现的形式主义理论，但其对相对独立的艺术形式审美特征和审美功能的揭示，大大提升了我们对形式美重要性、独特性的认识水平。可以这样说，"'形式'所以'有意味'，是因为它们内蓄着一定的社会历史内容和人类的审美情感"①。

正是由于一定的艺术形式具有相对独立于作品内容的审美价值，作家在创作过程中，都会重视与不同题材所承载的主题思想的表达形式的选择，力求在形式上有所突破，实现形式的美与形式的新相统一。

对于中学生而言，写时也应考虑到作文的表现形式。

要想使表现形式新颖独具，可以从多个方面考虑。

一是可以在构思上下功夫，求新求巧。

宋吉祥同学的《关于我的家庭会议》一文在形式上打破了

① 童庆炳. 文学理论教程 [M]. 北京：高等教育出版社，2004：180.

常规写法，有一定的创新性。

关于我的家庭会议

会议室里闹哄哄的。

"请安静！"在这么多的"我"面前，我还挺紧张，"人都到齐了吧？好的，今天家庭会议的主题是'谈谈我是一个什么样的人'。"

话音刚落，会议室里顿时热闹起来。

"爱哭的我"抢先发言："咱哥们多久没见面了，有六七年了吧？就说你以前，可是经常与我做伴……"

"坚强的我"立即站了起来，反驳道："都哪门子老掉牙的事了，还提。值得一提的倒是上次爬山，崎岖险峻的山路，火辣辣的太阳，走五六个小时，特别是落在大部队之后时，你曾几次想放弃，最后还不是挺过来了吗？"

"勇敢的我"马上附和："就是，就说去年那次献血吧，你紧闭双眼，牙咬得紧紧的，既紧张又兴奋。可你把那只紧紧握着拳头的手伸给医生时却又那么坚决……"

这时大家都向我投来赞许的目光。

"爱发呆的我"摇着头说："小子，以后自习课上少发点呆，做做功课，看看书。继续发呆下去，人会变傻的。"

"不爱学习的我"深有同感地说："可不是吗？遇上喜欢的课还好，你会认真听课，专心学习；可一到不喜欢的课，就不能集中精力学习了，这是你最大的毛病。"

"自信的我"接着不满地说："升上高中后，你就把我忘在脑后了，天天愁容满面的，你是怎么啦？"

这时会场陷入了一片沉默。

"球场上的我"率先打破沉默："别看你上课一副闷闷不乐的样子，一摸到球就把那些烦恼统统丢掉了。篮球是你的最爱，羽毛球、乒乓球技术都还不错。我特别喜欢的是你在赛场上的那股拼劲儿，累了，甩甩汗水，再上；伤了，包一包伤口，再来……"

"教室里的我"不满地说："我却不太喜欢你在教室里的样子，经常是身在曹营心在汉，学习不够专心，有时候还故意捣点小乱，引起大家的注意。"

"宿舍里的我"连忙表示赞同："就是，每次回到宿舍，也不学习，要么听歌，要么吼几嗓子。特别是洗澡的时候，美其名曰与同房'飙歌'，实则与室友一起乱吼，狼嚎一样。"

他的发言惹得笑声满堂……

过了好一阵子，"思考的我"深沉地说："很多人的人生就像一场戏，戴着伪善的面具，承认谎言的美丽。人要争取自己当导演、做编剧，多经历一些挫折和磨难，追加几句自信的台词，抓住人生的每一次机遇，不让幸福老去……"

会议似乎还没有结束的迹象，讨论还在继续……

这篇作文的表现形式很新颖，以家庭会议的形式，通过爱哭的、坚强的、勇敢的、爱发呆的、不爱学习的、自信的、球场上的、教室里的、宿舍里的、思考的十个在不同场合不同表现的"我"的争论，把"我"介绍得栩栩如生，"我"的性格特点在关于"我"的家庭会议中鲜明地凸显了出来。

二是可以在体裁上寻求着力点。

　　不管是写记叙文、议论文、说明文还是应用文，都需要或是根据材料特点安排文章样式，或是想好适当样式安排文章材料。当然，立足点最好还是以材料为主，根据内容表达的需要，恰当采用寓言、童话、剧本、小说、书信、散文诗等体裁，给读者带去新鲜活泼的形式美感和阅读感受。

　　三是可以语言表达上思变思新，寻求"笔墨的自由"。

　　从第一个层面讲，汉字的字音、字形、字义独具特点，寻找汉字音、形、义与表达之间的密切关系，可以达到表达新颖的效果。

　　首先，我们从汉语的声音美感说起，来谈一谈汉字语音修辞的新颖表达带来的美感体验。

　　作为一名读者，读文章主要是通过视觉获取和接收信息。同时，平时上课听讲、看戏剧影视节目、听报告演讲、参加朗诵会等，作为一名听众，就需要通过听觉来接收信息。尤其是学习阅读我国历经几千年的经典古诗词，在诵读吟咏中，更能使听者通过声音，深刻体会到汉语语言和谐变化、朗朗上口带来的艺术享受。

> 迢迢牵牛星，皎皎河汉女。
>
> 纤纤擢素手，札札弄机杼。
>
> 终日不成章，泣涕零如雨。
>
> 河汉清且浅，相去复几许？
>
> 盈盈一水间，脉脉不得语。

　　无名氏所作的这首古诗，十句之中有六句用了叠音词，尤其是结尾两句，更是以"盈盈"描写出女子端丽姣好的仪态，以"脉脉"刻画了织女、牛郎只能对望不得言语的愁绪。自然清丽的叠音词运用，使得少妇形象与离愁别绪互相交融，浑然天成的诗句，内蕴丰厚的诗境，由此卓然自成。

古人作文作诗时尤为注重声音节奏，所用到的对偶对仗、连绵叠音、平仄押韵、复沓回环、顶真排比等，都是通过对汉字音节的调整组合与巧妙运用，体现语音的协调和谐、灵动自然，表现诗文的整齐美与变化美。

现代人做文章，同样要讲究汉字语音的内在美感，注重声音对于文章节奏、情感的重要意义。朱光潜先生在《散文的声音节奏》一文中写道："咬文嚼字应从意义和声音两方面着眼。……声音与意义本不能强分，有时意义在声音上见出还比在习惯的联想上见出更微妙，所以有人认为讲究声音是行文的最重要的功夫。"[1]"文学须表现情趣，而情趣就大半要靠声音节奏来表现，犹如在说话时，情感表现于文字意义的少，表现于语言腔调的多，是一个道理。……读有读的道理，就是从字句中抓住声音节奏，从声音节奏中抓住作者的情趣、'气势'或'神韵'。自己作文，也要常拿来读读，才见出声音是否响亮，节奏是否流畅。"[2]

对于声音节奏对于写作现代文的重要性，朱光潜先生又特意做了强调：

"领悟文字的声音节奏，是一件极有趣的事。普通人以为

---

① 朱光潜. 散文的声音节奏［M］//谈美　谈文学. 桂林：广西师范大学出版社，2020：222.

② 朱光潜. 散文的声音节奏［M］//谈美　谈文学. 桂林：广西师范大学出版社，2020：224.

这要耳朵灵敏，因为声音要用耳朵听才生感觉。就我个人的经验来说，耳朵固然要紧，但是还不如周身筋肉。我读音调铿锵、节奏流畅的文章，周身筋肉仿佛作同样有节奏的运动，紧张，或是舒缓，都产生出极愉悦的感觉。如果音调节奏上有毛病，我的周身筋肉都感觉局促不安，好像听厨子刮锅烟似的。我自己在作文时，如果碰上兴会，筋肉方面也仿佛在奏乐，在跑马，在荡舟，想停也停不住。如果意兴不佳，思路枯涩，这种内在的筋肉节奏就不存在，尽管费力写，写出来的文章总是吱咯吱咯的，像没有调好的弦子。我因此深信声音节奏对于文章是第一件要事。

"我们放弃了古文来做语体文，是否还应该讲声音节奏呢？维护古文的人认为语体文没有音调，不能拉着嗓子读，于是就认为这是语体文的一个罪状。做语体文的人往往回答说：文章原来只是让人看的，不是让人唱的，根本就用不着什么音调。我看这两方面的话都不很妥当。既然是文章，无论古今中外，都离不掉声音节奏。古文和语体文的不同，不在声音节奏的有无，而在声音节奏形式化的程度大小。古文的声音节奏多少是偏于形式的，你读任何文章，大致都可以拖着差不多的调子。古文能够拉着嗓子读，原因也就在它总有个形式化的典型，犹如歌有乐谱，固然每篇好文章于根据这个典型以外还自有个性。语体文的声音节奏就是日常语言的，自然流露，不主故常。我们不能拉着嗓子读语体文，正如我们不能拉着嗓子谈话一样。但是语体文必须念着顺口，像谈话一样，可以在长短、轻重、缓急上面显出情感思想的变化和生展。古文好比京戏，语体文好比话剧。它们的分别是理想与写实，形式化与自然流露的分别。如果讲究得好，我相信语体文比古文的声音节奏应该更生动，更有味。"①

朱光潜先生结合自己的读写体验，对写作中声音的重要性做了充分说明。

来看戴望舒所作的一首现代诗《烦忧》。

> 说是寂寞的秋的清愁，
> 说是辽远的海的相思。
> 假如有人问我的烦忧，
> 我不敢说出你的名字。
>
> 我不敢说出你的名字，
> 假如有人问我的烦忧。
> 说是辽远的海的相思，
> 说是寂寞的秋的清愁。②

虽是现代诗，却有浓厚的古典韵味。整饬的诗章结构，回环的辞格修饰，和谐的韵脚押韵，短短八句，音乐美、结构美、节奏美的诗歌要素皆备。语音角度的听觉美感，大大增强了诗歌的表达效果。前后两段的彼此会和照应，犹如潮水击打海岸，海岸回应潮水，表达了诗人连绵不断的清愁与忧伤清

---

① 朱光潜. 散文的声音节奏［M］//谈美　谈文学. 桂林：广西师范大学出版社，2020：224-225.

② 戴望舒. 烦忧［M］//淡霞. 人一生要读的100首诗歌. 北京：中国和平出版社，2006：58.

寂的思念，复杂的、隐秘的情愫言不尽、表不穷，韵味悠长绵远。

在作文时，可以学习用自然恰切的汉字字音来增强表达效果，那自己作文的个性也就从一个角度凸显出来了。

其次，还要在理解掌握汉字的字形字义上下功夫，通过汉字字形特点，来增强表达的个性化。

李清照的《声声慢·寻寻觅觅》，起语就不同寻常，"寻寻觅觅，冷冷清清，凄凄惨惨戚戚"，先不说七个叠词的的音乐之美，从字形看，"冷冷清清""凄凄"六字，一开句，使用一连串的形容词，已经营造出一种凄楚、低迷、沉郁、孤单的情感基调。再有"i"韵的字收句，毫无响亮朗然之音，读时只觉低沉内敛，如泣如诉的哀婉与寂清直直侵肌入骨。

从第二个层面看，充分挖掘汉字的内在意义，善用汉字的文化色彩、情感色彩，来加强语言的创新表达效果。

汉字本身丰富的字义承载着厚重的历史文化色彩。了解了汉字的这一特点，对于作文时更好运用词语表达情感、凸显个性，同样具有重要作用。譬如，读诗时见"竹"，自然会想到君子、隐士的刚直谦虚、高风亮节；遇"梅"，能领悟其不畏权贵、傲霜斗雪的铮铮铁骨；看"兰"，知道其淡泊清雅、不逐名利的飘逸品质。诸如此类饱含历史文化、民族基因与社会意义的共性意象，已经具有约定俗成的内在含义，承载着厚重深远的民族文化与民族心理。平时掌握得多一些，在写作时就会更好发挥文字的功能，遣词造句会更为妥帖，也就更能感染、影响读者。

在用字选词方面，注意选择锤炼。"炼字"的典故，古今中外有不少写作例话。贾岛对"推""敲"二字的斟酌；王安石的"春风又绿江南岸"，由"到""过""入"等多次改为"绿"字；鲁迅笔下的孔乙己"温两碗酒，要一碟茴香豆"时"便排出九文大钱"的"排"字；朱自清笔下"小草儿也青得逼你的眼"的"逼"字，等等。诸如此类的写作佳话不胜枚举。语言锤炼得好，诗文的表达就能更上层楼。

西方的作家对炼字用字同样精雕细琢。法国著名作家莫泊桑说："不论要说的是什么，只有一个字可以表现它，一个动词可以使它生动，一个形容词可以限定它的性质。因此我们必须努力寻找，直到发现了这个字；这个动词或这个形容词才止。决不可安于'大致可以'，决不可躲避困难而求援于诈伪的字句（即使是巧妙地诈伪也不行）或求援于谐谑的语言。"①

通常，使用比喻、借代、双关、通感、婉曲、仿词等手法，也可以强化词语的修辞效果，增强表达的形象性和鲜明性。

从第三个层面讲，可以制新词、造新句。

句法的形式新了，词语组合的变化新了，意思也就新了。句子可以长短兼用、密疏有度；该急促则急促，该延长则延长，该换气则换气。精简、古典、高雅、庄严的氛围当然要有，清浅、现代、俗常、活泼的情景自当留存。还有文言与白话的各有绝妙，修辞对表达的增色润饰，都能为语言敷色着彩，使得文章新意无限。

文贵创新。文章是由句子组成的，一篇文章中，不时有用

---

① 沐绍良，方健明. 写作指引［M］. 文心出版社，2019：16.

新颖的句法，常常能够创造出不同的表达效果，展现富有个性化的创新。

譬如倒装句：

"有别必怨，有怨必盈。使人意夺神骇，心折骨惊。"源自江淹的《别赋》。心哪里会折？骨怎么会惊？写作者写得巧，这是把"骨折心惊"颠倒过来说了。"花近高楼伤客心，万方多难此登临。"出自杜甫的《登楼》一诗。常理是，从时间顺序说，应是先登临再至高楼；从因果关系看，应为登楼后伤心，这里却倒过来说，在变格中别有一番新意。"也许所有的孩子都听过大人的重复：哥哥、姐姐、弟弟、妹妹；也许所有的大人都重复过自己：爷爷、奶奶、父亲、母亲。"这是把主语后置。

又有整散句：

"我那时有的是闲暇，有的是自由，有的是绝对单独的机会。说也奇怪，竟像是第一次，我辨认了星月的光明，草的青，花的香，流水的殷勤。"见于徐志摩的《我所知道的康桥》。这两句结构较为整齐的句子，声音和谐，清晰晓畅，感情贯通，表达了作者对"单独"的美的享受的潇洒心态。

再看两个短章：

闻　香

"干燥"有一种香味。冬天，我们为什么要围炉？仅仅是为了驱寒吗？不，我们贪恋，当寒湿全被驱走以后，干燥的空气中泛着的淡香。

太阳是世界上最大的香水喷洒机。

等 诗

等什么？等春天。

春天来了等什么？等诗。

冬天要抗寒，夏天要抗热。到春天，什么也无须抵抗，全身放松，望着蜘蛛吊在发亮的细丝上打秋千，目的可不是为了发明钟摆。

心门敞开。为了诗，不设防。[①]

以上两个小节节选自王鼎钧先生的《杂念》一文。不到百字的短章，设问句与陈述句的交错，长句与短句的应和，使得叙述灵动自然，富于变化，作者的诗心荡漾，短文的诗意全出。

还有，主动句与被动句的恰切选择，疑问与反问的妥当运用，经过巧妙的调整、组合，也会增强语言形式表达上的创新性。

通常情况下，在一篇文章中，要做到思想新、题材新、表现形式新"新新俱全"，即使对专业作家来说也很艰难。不过，作家因着创作的需要，无时不在突破自我"推陈出新"，基于失败总结经验"求新得新"，在日日精进、步步开拓的写作征途上不断跋涉，攀登高峰。因此，对于一名中学生而言，在凸显个性、追求创新的作文之路上，不要急于求成、奢望过高，只要在思想新、题材新、表现形式新中有一个方面的创新，哪

---

① 王鼎钧. 王鼎钧作品精选［M］. 武汉：长江文艺出版社，2019：73-74.

怕是一个入微的细节、一个巧妙的比喻呢，作文就有了光彩和价值。

中学时代是身心快速成长的时期。青春期自我意识的萌发，会使小小少年对自身、社会、人生作出虽属浅层次却不乏独立精神与自我判断的思考，对世事人情流露出一定的情感倾向及初步形成的价值立场，这背后彰显出的其实是小小少年独特的个性思考与成长记忆。所以说，在作文时，以"吾手写吾心"，把"我"作为生活的圆心，向外辐射，述自得之见，表自然之情，显自我之趣。在书写自己独有的生活，表达独特的感受、独立的思考时，融入自己的生命激情，这样的文章焉能没有独创性？而具备了独创性，与创新的距离自是咫尺而非天涯。

汤之《盘铭》曰："苟日新，日日新，又日新。"这句话大家一定非常熟悉。古人在思想品德修养上追求弃旧图新。作为一个现代社会的公民，作为需要担当民族复兴大任的时代新人和社会主义事业的建设者和接班人，具备创新精神是重要的素质和能力。具备了创新精神，自我的心灵将会更加丰富，思考更加深入。

在写作时，也要认识到文贵创新的重要性，有"日日新，又日新"的图新精神。因为对写作而言，创新，就是作文的生命。那么，行动起来，拿起纸笔，在作文中凸显个性，张扬自我，让创新为作文注入新鲜的血液，从而使文章充盈着蓬勃的生命力，熠熠生辉。

第七讲　审题立意

审题和立意常常是紧密关联在一起的。

一、审题

提笔作文的头一件事，便是审题。"审"字一解，依《辞源》释义，有详细周密、仔细观察研究、慎重、确定安定、确实、询问审问等义项。仔细品味，这些含义都和审题中的"审"字有一定的联系。延展开来说，作文审题，也要做到周密、慎重、确定，才不至于跑了题。至于"询问审问"义项，只要和具体场景联系起来，你就知道这一义项和作文的"审题"有多么紧密的关系：法官审案要盘根究底，审阅书稿要全面细致，审定事实要明辨是非，这些动作主体采取的态度和行为与我们作文时的需要审题的"审"有着内涵上的切近性。

写作文一般情况下都有题目，有题目就需要审题。即或是材料作文或半命题作文没有给出规定题目，也需要在对所给材料仔细阅读思考的基础上，酌定后自拟题目，这个"自拟"也是在"审"材料的基础上对题目的"二次审视"。所以，审题这一关无论如何是少不了的。

审题要审什么，怎么审？

看到题目，还不明就里，就挥笔疾书，洋洋洒洒几大段，及待搁笔收笔，才发现文题互相矛盾、扞格不入，想要修改已来不及，这种情况在考场作文中经常发生。或者"怕"字当头，一见作文就发怵，拿到题目，眉头紧蹙，想来想去不见眉目，思前思后一筹莫展，思路陷于凝滞。还有的写写停停，老师布置的一篇周记或作文，写时左拐右拐，前拉后扯，写了一大堆，费时的功夫花了不少，作文的事却完成得不理想。

作文写得好不好，先看审题准不准。只因审题一步出错，后续步步出错；审题一招不慎，作文全盘皆输。审题到位与否关乎文章成败。学会审题，可是在动笔之前至关重要的第一步。

那么，重要的是，审题需要从哪些方面入手？

刨根问底的精神首先要有。这种认真严谨的态度是基本前提，必不可少。粗心疏忽、一眼掠过，会导致审题不严、不全、不深，造成作文失分，当然不能大意。

还要克服怕写作文、作文难写的心理。一般来说，对于学生作文，无论是日常写作练习还是考场作文，拟题者通常不会为难学生，题目范围一般不会超出对应学段、年龄、所学知识的范围，往往能使学生从自身的经历见闻、亲身感受、体验思考中找到写作素材，有话可说。这样的命题才能既锻炼提高学生写作水平，又能有效考查写作能力。

关键在于完整地"审"。完整，就是全面理解题意。

一要不遗不漏。审读题目中的每个字，不管是实词、虚词，还是中心语、修饰语，要一字不漏地看。老师或命题者给出的题目，一般不会有冗字赘语，题目中的每个字有每个字的功能，每个词有每个词的作用，把每个字、词的含义搞清楚，题目组合的结构弄明白，进行全面看、细致审。这是要把握审题的"全"。

二要审准审透。找出题目中的关键词。关键词可以是一个，也可以是两个，通常不会超过三个。关键词太多对于中学生来说，一方面会大大增加作文的难度，不便于学生把握；另一方面，中学生的写作能力尚在练习提高阶段，把握不好会使作文出现多中心的嫌疑，而这也为命题者所忌。常态下，一个关键词较为常见，关键词找准了，文章的定盘星也就找准了。审题要把握题面重心，找到核心关键。这是指审准题目的"眼"。

譬如，"我的好朋友"与"我好朋友的爱好"两个题目，乍一看很相似，实际有所不同。前一个侧重记人，要写出好朋友的个性，题眼是"好朋友"；后一个重在叙事，要写出能够表现好朋友爱好的典型事例，题眼是"爱好"。题眼不同，下笔的力度、角度就不同。

三要审透内涵。内涵常常为内在的气质风骨。诗有内涵，人有内韵，都是发自于内，包容外在，自内而外感染他人。审题也要如此，既要紧扣题目，又要深入到题目内部，看字面没有明说却深藏在内的含义，看基于词语本身原义之上的象征意义、拓展意义、延伸意义，不能单是就字论字，就词论词。尤其是一些具有鲜明文化特色的字眼，更要细斟细酌，这是指审透题目的"骨"。例如，如果命题者提供的阅读材料中有关于松树柏树的内容，或者题目中含有"松柏"字眼，那就要考虑到松柏因具有岁寒之际凛然不凋的自然习性，常被喻为坚贞高洁之士对高大峻拔、坚劲凛然的内在风骨与气节的追求。但是也要避免走极端，不要一看到松柏就这样审题，否则会陷入套路的泥潭。不过，多想想关键字眼的内在意蕴总归不是多余之举。

四要会审题"意"。这里的"意"指的是命题者的命题初衷，尤其是材料作文、话题作文，更要反复审读，多角度思考，推敲材料蕴含的意义。审题时，对材料中涉及的内容可以面面俱到，但在自拟题目进行写作时，就不要追求面面俱到了，而是选择其中的某个角度或要点进行写作。这样既契合命题者意图，自己也有话可说，下笔就顺畅多了。

五要把好节度。节度是有张有弛，合乎正中，有规则有自由。一个题目，有限制条件，又有非限制条件。有限制，是大致圈定作文立意、选材的范围，便于写作者快速界定素材空间，能够迅速进入构思状态，不至于信马由缰，无头无绪。没有限制，则是鼓励写作者独出机杼、自由创作，更好丰富文章的表达内容，表现出属于自我的个性。题目的限制条件与非限制条件是互为同一的。要从限制条件中发现自由书写的余地，从非限制条件中遵循基本的写作规范，去跳"戴着镣铐的舞蹈"，去寻找限制中的"自由写作空间"。

尤其要注意的是，有的题目中的限制条件是多重的，这时就要深入分析。比如，"一次不寻常的实验发现"，这个题目的限制条件是多重的，题眼是"发现"没错，但要注意，多次实践得到的，平平常常得来的，不是通过"实验"习得的，都与题目有所偏离。不过，这里"不寻常"的限制可以适当越过题目设置的藩篱，只要是自己的实验发现，不分大小，不计轻重，都可以写入文中。

六是审题要"活"。需要注意的有，在分析这两个或两个以上的限制条件时，要审清楚哪些是主要限制，不能超越；哪些是次要限制，可以关联。针对题目要求的选用文体，审题时要关注，哪些是行文中要注意的记叙"六要素"，哪些是论说中对论证角度的限制，哪些是写作中要注意的对于体裁的限制，研判清楚后要分别予以重点细审。至于对内容的限制，毋庸说是应严格遵循的。譬如，"记一次春游"，这是记叙文，要把春游的时间、地点、参加春游的人物、春游这一事件的过程等写清楚。"论挫折中培养勇气"，这是议论文，要注意在论证角度上，"勇气"来自"挫折"；如果是从探险、坚韧、成功中培养的勇气，就与题目的要求有所偏离。"春蚕与蜡烛"，这个题目对文体的要求不是很严格，可仔细审题会发现，如果写成记叙文，分别叙述"春蚕"与"蜡烛"，怎样找到二者的统一性呢？写成议论文，从两者都有牺牲奉献的精神角度论述，可能会更便于作文。这就是审题时要注意题目与拟选用文体的对应关系。这是要掌握审题的"活"。

了解掌握了以上几点，平时注意加强审题方面的练习，熟能生巧，慢慢就掌握了审题的要领，审题亦并非大难事了。材料作文和话题作文还要自选、自拟题目，尤其要注意。把作文的题目审好了，就是明确了写作的方向。只要沿着这个方向写，作文就不会漫无边际，就能基本避免偏题、离题、跑题等问题。

二、立意

"意犹帅也，无帅之兵，谓之乌合。""意"就是文章的中心意思。立意，就是明确文章的中心思想。在一篇作文中，中心意思的呈现方式是多样的：或通过题目直接揭示，或在开头开门见山点出，或在结尾卒章显志，或通过记叙、描写、抒情含蓄地表达出来等。不管采取哪一种方式来显示文章的立意，都要在下笔之前确立好这"意"的呈现方式。

一般来说，审题和立意是紧密结合在一起的，是不可截然分开的。审题与立意或并列趋行，边审边立。譬如，有时看到一个题目，心中马上就有了文章的中心意思，知道了自己要写的文章的大致指向和一般轮廓，也就是说，审题和立意几乎是同步进行的。或紧续其后，先审后立。例如，有时在审题之后，确定了题目的内涵与外延、本义与比喻义、限制条件与非限制条件，再来确定文章的立意。第二种情况比较常见。

无论是同步还是不同步，审题和立意都是在下笔之前需要完成的步骤，所谓的"意在笔先""胸有成竹"，说的都是这个意思。立意要切合题旨，一旦确定，犹如将帅统领兵卒到位，散沙聚合成为巨塔，文章自然主旨朗然，纲目豁然。

立意要讲究立意章法。

（一）立意要切题扣题

立意不合题意，是文章的致命弱点。写作时，不能因为审题不透、下笔疏忽或行文拉杂就忘记主题，离题万里。沐绍良、方健明二位合著的《写作指引》一书，在《切题第六》一节中写道："所谓切题，是说我们写作时，应随时顾到题目的含义，随时注意题目的中心思想。这中心思想，可以从正面来发挥，也可以从反面来发挥。可是在正反两方面同时发挥而处于对立的矛盾状态的时候，必须使二者统一于同一中心思想之下。还有，'切题'的意思，并不一定要我们死死地抱住那几个构成题目的文字。虽然古文中不乏就题立意的好文章，如苏东坡的《喜雨亭记》，就'喜'字立意；柳宗元的《愚溪诗序》，就'愚'字立意，但那是因为题目本身，原有值得特别发挥的意义之故。如果不明白这一点，认为凡是题目，都该如此，一味咬文嚼字，在题目的一两个字眼上做工夫，那就无异学习写'八股文'了。"[①]

为了避免离题越题，二位继续讲解："要防止文笔越题，除在写作时应随时检点所写的文句外，如果是一篇较长的文章，还不妨在未写全文之前，先根据主题，拟定一个纲目，然后按照那个纲目，逐节写去。可是最要紧的，还在于作者自己的写作，须抱一种不苟且的态度，在文章写好之后，仔仔细细地作一次或数次自我检讨，自动修改。因为有许多错误和弊病，都是在草率中造成的，文章之不能切题，也非例外。"[②]

所以说，立意切题是首要的要求。

① 沐绍良，方健明. 写作指引 [M]. 郑州：文心出版社，2019：164-165.
② 沐绍良，方健明. 写作指引 [M]. 郑州：文心出版社，2019：165-166.

（二）立意需自然而然

"意"自文出。"意"的确立，不是由写作主体外力的强行赋予与硬性添加，而是文章运用记述、抒情、议论等进行表达时自在自然的发展，是看似不自觉实则自觉立意的无痕表达。自然的立意不牵强、不拔高、不突兀、不做作、不强硬、不虚伪，是基于材料本身的特色，符合题目有关要求，源自记叙人事物景、说明事物现象、表达主张观点的真实需要，有根脉有出处，有发展有过程，有记叙有描写，如不施粉黛的少女，清水芙蓉，天然雕饰。

来看一篇文章的片段：

"童年，同住在大院里的人生活都不大富裕，日子各有各的过法。

"冬天，晚上睡觉的时候，被窝里冰凉如铁。母亲有主意，中午的时候，她把被子抱到院子里，晾到太阳底下。其实，这样的法子很古老，几乎各家都会这样做。有意思的是，母亲把被子抱回屋里，就赶紧叠好，铺成被窝状，晚上睡觉时钻进去，就是暖乎乎的。母亲对我说：'我这是把老阳儿叠起来了。'母亲一直用老家话，把'太阳'叫'老阳儿'。

"从母亲那里，我总能够听到好多新词儿。把老阳儿叠起来，让我觉得新鲜。太阳也可以如卷尺或纸或布一样，能够折叠自如吗？在母亲那里，可以。于是，阳光便能够从中午最热烈的时候，一直储存到晚上我钻进被窝里，温暖的气息和味道，让我感觉到阳光的另一种形态，如同母亲大手的抚摸，比暖水袋温馨许多。"①

作家肖复兴回忆了母亲在冬日晒被子叠老阳儿这一童年往事，文中没有大声高呼"我爱母亲"，而是行文不急不缓，从一行行展开的文字中，母亲在艰苦日子里过生活的智慧，心中对孩子温暖的关爱，洋溢在墨香中，浓浓母爱的立意自然而然流淌。

（三）立意要追求新意迭出

写人记事、摹景状物、发表议论、抒发感情，再加上一些应用较为广泛的实用文体，这些就构成了中学生作文的大致纬度，无论是平常作文还是考场作文，都较少越出这些范围之外。对于立意的新颖性，可以从两个主要方面来理解：基于自身生活之上的独特的体验、感受、见解、思考、看法，与时代发展同步、呼应时代脉搏的新事物、新现象、新问题等。

宋代左圭著的《百川学海》一书中记载了这样一个典故：徽宗时试画《踏花归去马蹄香》，有一名画，但扫数蝴蝶，飞逐马蹄而已，便表得马蹄香出也。

选取飞逐马蹄的蝴蝶的独特角度，已经初步奠定了其成为名作的基础，因其立意新颖，表现独特。这里，徽宗虽是试画命题，与命题作文却有相似之处。可见新颖的立意是多么重要！

"意"不分大小，却与旧对立。时代新精神、昂扬主旋律、群众精气神，是宏阔层面的新立意；能发人所未发、见所未

---

① 肖复兴. 老阳儿 [J]. 天天爱学习，2015（16）：37.

见、闻所未闻的个人之得之见之感的"小立意",也是新颖立意。对于中学生来说,新颖的"小立意"不仅易得可得,也能出彩多彩。当然,既有远大眼光观时代大势,又瞩目脚下关注身边小事,做到"风声雨声读书声声声入耳,家事国事天下事事事关心",两者结合那是再好不过。同时还要理解,新是新颖独特,不是特意"立异"。如果为了立意新颖,一味求异、求怪、求奇崛,那就进入了误区,对"新"的追求是过头了。

还需要注意的是,不同文体立意创新的方式是有区别的。如,记事类作文,要写清过程、人物、细节,在反复思考之上,弄清事件意义;议论类作文要分析问题产生的原因、背景,认清性质和影响,并探究解决问题的方法。经过分析,立意会变得更明确,立意创新、出新也就不难了。

有时,为了使立意新,作者会运用一些写作小技巧。来看几个例子。

"由布拉肠说开去",借助品尝浓郁老广气息的布拉肠,说到对故乡的思念,说到店主师傅对传统技艺的坚守和传承,慨叹飞速发展的现代社会对传统小吃的冲击,呼应留住古老味道,就是留住食品本身所承载的技艺与记忆,特色与文化。这是借题发挥。

谌紫璐同学的《党旗为什么这样红》一文,讲述了铁道游击队第一任大队长洪振海的故事。洪振海的右手手腕上,经常缠着一块红布,就连吃饭、睡觉时也不解下来。

"在他的心里,这块红布比他的生命还重要!原来,红布上缝有镰刀和锤头的图案,这是一面特殊的党旗。当年,洪振海向党组织递交入党申请书，组织上为了表示对他的信任，决定将铁道游击队唯一一面小党旗交给他保管。接过党旗，洪振海郑重地说，请党相信我，我一定把她保管好。从此，他把这面党旗时刻带在身边，像保护自己的生命一样保护她。

"1941 年 12 月的一个风雪之夜，数百名日伪军对铁道游击队进行偷袭、'扫荡'，洪振海率部与敌人激战，不幸中弹，壮烈牺牲，殷红的鲜血浸透了那面小小的党旗……

"虽然，他还不知道组织上已批准他入党，可他早就以一个共产党员的标准严格要求自己；虽然，他再也不能面对党旗举起右手庄严宣誓，可他在生命的最后一刻，已经用鲜血和生命诠释了对党的无限忠诚。

"我不知道这面党旗是收藏于某个纪念馆，是被烈士的后代当作传家宝珍藏，还是随着烈士的遗体埋葬在巍巍青山之中。但是，我知道，这面党旗，不再仅仅是一面党旗，它凝聚着革命烈士的鲜血，凝聚着无数革命前辈坚定的革命信念、顽强的革命意志和一往无前、不怕牺牲的斗争精神！

"党旗为什么这样红？因为它是革命烈士的鲜血染红的！"

仅仅通过一个人物的故事，就鲜明而集中地揭示了深刻的主题。这是以小见大。

书写与乡村振兴有关的作文，题目较为宏大，可以从自己家乡的学校变迁、道路建设、垃圾分类推广、乡村旅游开发等方面选取一个角度进行叙述，反映新时代乡村社会的可喜变化。这是大题小做。

除此之外，还可通过画龙点睛、翻案文章、一字立骨、烘托渲染等方法。需要注意的是，这样的作文技法只能作为辅助手段，可以适当使用，但是必须立足材料基础，着眼内容需要，更好服务立意，如此才能活学活用，巧用妙用，为立意出新增姿添彩。

（四）立意要注重深刻性

立意的深刻性一方面是因为社会生活的复杂性带来材料积累的繁多复杂，另一方面是因为写作主体认识生活的渐进性与复杂性，两方面结合起来就要求在立意时要深入思考，注重立意的深刻性。深刻就不至于泛泛而谈，浮在表面，立意也就有了集中度。在立意时，要学会运用分析、思考、归纳、演绎等方法，对发现的问题会运用一些思维方法做一些具体的分析。对于经历的难忘的事，触及心尖体验深刻的感情等，要积极地收集积累，做生活的有心人，而后对这些零碎的、片段的、无序的、模糊的碎片进行整理归纳、分析思考，从寻常现象中发现新的立意，从普通事物中挖掘出新的意义。

还要做到"三多"并用：多看——留心生活；多读——以训练自己广博的视野；多思——勇于探究，不断开拓，善于辨析。此外，还要能灵活地联类拓展，突破常规思维、定式思维限制，不拘固有成见，不囿常理常见，进行纵横联想，驰骋大胆想象，激发思维的积极性，不断拓展思维的空间，训练思维的活跃性、创造性、批判性。

（五）立意要情意并重

情意并重是把"意"，也就是思想，和"情"，自然是感情，很好地结合起来。有个人或有一件事深深地触动了我们的心灵，偶有所见的现象强烈地震荡着我们的心胸，引发了我们心中的情感波浪。这时我们的头脑会进行一连串的反应，通过辨别、分析、遴选、判断等知觉或思维活动对这些感情进行过滤。而情感的微波和理性的分析几乎是同时发生的，这样在作文时，无论是鲜明的批判或热烈的颂扬，都离不开自己的感情。当立意时"意"与"情"有机地结合在一起时，不仅会使感情的抒发更浓烈，更有感染力，而且还能升华思想，深化主旨，揭示内蕴，丰富文章的"意"。

有一个小作者在一篇《可以不爱，请别伤害》的作文中写道，春节期间爸爸带着自己去看马戏，自己目睹了老虎"精神颓靡，身上的斑纹失去了原有的光泽，庞大的身躯瘦骨嶙峋，肚皮耷拉着"，"它的尾部有一大块被灼伤的疤痕，身上的毛稀稀疏疏"；看到了"黑熊的嘴巴被铁链子穿着的痛苦，马的眼睛被蒙着的无奈，狮子的尾巴只剩短短一截的悲惨"。接下来写道：

"走出马戏团，我不禁陷入沉思：作为人类，我们为了一己之私而无情地伤害动物朋友，这样真的好吗？生活中这样的案例屡见不鲜。曾经在报刊上多次看到人类伤害动物的报道——被称为'藏羚羊天堂'的可可西里，仅五年的时间就成了藏羚羊的'地狱'，每年都有偷猎者来此捕猎大批藏羚羊以换取大把的金钱。目前，藏羚羊的数量只剩原来的十分之一。有一个大学生把硫酸泼在熊猫身上，只为证明自己一时奇怪的想法；人们为了享用美味的鱼翅导致无数条鲨鱼命丧黄泉……

"人类的确是地球上最智慧的生物，但这并不意味着我们可以肆意妄为，伤害野生动物。万物皆有灵，众生皆有命。请心存善念，爱护动物。你可以不爱，但请别伤害！"

　　小作者在观看表演的时候，眼见了动物们在马戏团的遭遇，在对它们的境遇产生了深深同情的同时，他的思考并行推进，发出了"可以不爱，请别伤害"的呐喊，深化了文章的立意。带着对马戏团动物强烈的同情，对人类的某些不当行为进行了谴责，使得立意更加具有说服力和感染力。

　　"登山则情满于山，观海则意溢于海。"观察事物的时候要"有情有意"，那么，立意时在做到契合题目要求的基本要求之上，还要注入深情、含有感情，做到立意时情意切切，写作时情意浓浓。在立意过程中酝酿好要表达的强烈情感，在形成文字时表达好想要倾诉的浓烈感情，情意的连接贯通在立意环节已经有机结合。带有了自我的情意特点，立意也就自出心裁。

第八讲　严格选材

审题立意完成后，就要进入作文构思阶段。构思，主要是动笔前构想文章的轮廓。停留在思考层面为"打腹稿"，落实在纸面上就是列提纲。

勾画文章轮廓，首先要做好一件事——选材。作文想写成什么样，先要看积累的素材可以怎样排列组合，材料应该怎样摆弄布阵。材料的多少、粗细程度，与文章能否写好有着密切的关系。

尚未进入文章的材料，严格说还不能成为材料，只能称为原始素材。一篇作文，"意"为本，"材"为末。收集材料是为了表情达意，那选材服务于立意自是基本要求。但也要辩证地看，有时特别出彩的材料，往往可以深化文章的主旨，丰富文章的立意，使文章内蕴悠远深沉，余味隽永悠长。

材料如何选择？或者说，好的材料应具备哪些要素？

一、至关重要的一点是契合旨意

根据审题后既定的中心意思选择合适的材料，最难也最重要。一方面，作文题目不同，表达的主题不同，运用的表达方式不同，选择的文体不同，在写作时就会用到不同的材料。另一方面，无论这不同体现在哪些方面，根据中心选材是首位要素。要仔细定夺权衡材料与中心思想的切合度。有的材料一看就不适合；可有的材料，从不同角度分析，会和主旨有某个层面的关联，这时尤其要斟酌思量；还有的材料初始乍看似乎很贴合，可写着写着就觉得不妥帖；更有的材料，仅凭感觉有时并不能马上判定是否切合，用还是不用举棋不定。出现上述情况，大多与前期对文章的整体构思不够深入有关，也就是说，"腹稿"还没有打好，"胸中之竹"的形象还没有鲜明。为了避免材料与中心的偏离，在完成审题立意以后，应根据"意"的表达重点，初步厘定选材范围，在此基础上进行认真构思，把文章的大致框架与基本格局构想出来，必要时列出基本提纲。接下来对照立意、构思，从与中心的紧密度、契合度上审定初选的每一则材料，留下最切合的，剔除不可用的。暂时觉得可用可不用的，先留存一边，再次进行审视，判断材料的价值后再决定。经过层层筛选对照，材料的契合度就可以比较清晰地甄别，用不用、怎么用也就心中有数了。

二、要新一点

别人没有用过的，没有想到的，或忽略的，遗漏的，肯定有新鲜感。自己留心的、积累的小发现也有新颖性。"问渠那得清如水，为有源头活水来。"一句话，要想材料新，就要一头扎进生活的汪洋大海，丰富人生体验。因为，材料来自生活，新意来自发现。

刘畅同学的《酱油不结冰》一文，就叙述了一个新发现。

妈妈要"我"去买酱油，"我"匆忙之下将买来的酱油和雪糕一起放进了冰箱的冷冻室中，直到第二天中午，妈妈做红烧肉找"我"要酱油。文中接下来写道：

"妈妈这么一说，我这才记起昨天太慌忙，把袋装酱油跟冷饮一起放到冰箱冷冻室了！糟糕，现在一定冻成冰块了！！

"我打开冰箱门，做好了挨骂的准备。唉，岂止是挨骂，美味的红烧肉怕是也吃不成了！我拉开了冷冻柜的抽屉，从冷饮旁边取出了酱油，我惊讶地发现酱油竟然没结成冰！虽说袋子冰凉冰凉的，可酱油却在里面软绵绵地晃动着，那感觉跟冰块相差十万八千里！我赶紧将酱油袋子给了妈妈，心里却添了新的疑惑：酱油和水同样是液体，为什么它放在冰箱冷冻室里不会冻成冰呢？我问妈妈，妈妈也不知道是怎么回事。

"我一定要揭开这个谜！于是我坐到电脑前，上网查起了资料。哦，原来酱油中含有相当多的食盐以及氨基酸、糖类，它的凝固点是零下 40℃ 左右。而冰箱的冷冻柜一般温度在零下 5℃ 左右，离它的凝固点远着呢，所以生活中是不太容易看到酱油结冰的！！

"一次失误让我发现了一个奇妙现象，让我明白了一个科学道理，大千世界真是奥秘无穷啊！"

你看，刘畅同学是多么有心啊！从生活中发现了奇妙的现象，遇到了自己不能理解的问题：酱油为什么不结冰？从这一困惑自己的现象出发，观果思因，主动探究，如此作文不仅材料、内容新颖，而且有自己的新发现，感受到了获取新知的快乐，明白了大千世界奥秘无穷的道理，一举而多得。你看，善于观察、思考，选择新颖的材料，对于一篇好的作文多么重要！

三、有意蕴一些更好

材料有意蕴，就是说材料具有一定的典型性，有着较为丰富的内在含义，可以引发感悟联想，能为阅读者带来启示思考，本身就能给人带来触动。这样的材料在未进入作文之前就已经具有了意义与价值，只要吻合题旨、合乎中心，就要毫不迟疑、毅然决然地运用。

有了切合题旨、新颖、有意蕴的材料，在作文时该如何配置呢？郭挹清先生在其所著的《中学作文法》一书中，给我们提供了指导方法：

"这就是说怎样把整理好的材料前后有次序底排列起来。这虽是要看文章的种类分别说明，但我们也可以先来总说一说。

"（一）注意因果关系

"有因果关系的材料，必须先后呼应，无论由果而推因，由因而推果。但前面既有因，后面必须有果；前面既有果，后面必须有因。如果单有因的材料，没有果的材料，或有果没有因，那么这材料配置，就不的当。

"（二）注意宾主关系

"有宾主关系的材料，必须前后相从属。属于某一个主要材料底宾从材料，须连合在一起，不要把宾主不相合材料配置在一起。

"（三）注意轻重

"重要的材料分量应该用得多，轻微的材料分量应该用得少。不要把轻微的材料占了一大篇，重要的材料，只用一点点。例如：'我底家庭'一题，关于家中底人口房屋，不说固不要紧，要说也只可稍稍说一点；如果把家人底年龄姓名性质，房屋底形式间数布置等一一说明，而对于自己家庭底特点，说得很简略，文章就不匀称了。材料轻重的标准，在乎表明主要意思的力量如何，用了能够很明白表出事件的真相，或理论的主张的，那便是重要的材料，用了之后所表出的程度比较差些的，便是轻微的材料。至于材料的类别，于轻重是没有关系的。"①

《土地》一文写不谙世事的"我"去参加爷爷的葬礼，文中有这样一段话："不久就到了墓地。土是新翻的，散发着阵阵的幽香。妈妈拉我笔挺地站一旁，看着爷爷的灵柩被缓缓地放进土中。全族的人都纷纷跪下，只有一个人还在围着那坟尖不停地转，口里还唱着什么，辽远而迫近，但也可能不是唱歌。最后人们都抽噎起来，还有一两个女人开始号啕。我的伙伴们身上都沾满了土，匍匐在地上，就像刚从土里爬出来一般，正在长高，长大，像他们在地里流汗的父亲，亦像躺在地里苍老而安详的爷爷。"

此段文字中选取的材料——参加爷爷的葬礼，本身就富有意蕴。再加上文中有一个典型细节："我"的伙伴们身上都沾满了土，匍匐在地上。接着写了自己稚嫩的感觉体验，至此，"土地"意象的丰厚意蕴与丰富内涵，借助这一典型的细节显示出来了。新一代生命的延续与老一代生命的逝去在相同的时

---

① 郭艳清. 中学作文法［M］. 郑州：文心出版社，2019：118-119.

空范围里同时发生着，生命就是如此令人伤心欲绝又如此充满希望，一辈辈的人，如从土地上生长出的一茬茬庄稼，带着泥土的新鲜气息，长高，长大，衰老，死亡。从土地散发出的清新气息和爷爷复归于土地之中这独具匠心的叙写中，通过"沾满了土，匍匐在地上"这一细节，表达了对土地的礼赞，体现出对生命的敬仰与尊重，浓浓的生命意识弥漫在文中。富有意蕴的材料与典型的细节一起升华了文章的主旨。

我们通过一篇例文，来体会小作者在选材方面的特点。

我的爷爷是怪人

王 蕾

认识爷爷的人都说爷爷是怪人。怪人自有怪事。说起来，爷爷的怪事还真不少哩！

一

那是一个早晨，一阵阵猪叫声破坏了我和周公的约会，我不情愿地起了床，想看个究竟。原来一位收猪的叔叔到这儿来买猪，几位邻居正帮忙将爷爷喂的四头肥猪捆绑起来过磅。

"共896斤，每斤2元6角，让我合计合计。"那位叔叔拿出计算器就要算账。

"等等。"爷爷走过去板着脸说。

"怎么？您想反悔？"正在按键的叔叔疑惑地问。

"哦，不，不是这样的，我家的猪刚喂完食，你们就按880斤算吧。"

周围的人都说爷爷是个傻子。那位叔叔愣了一下，然后便是一大堆的好听话。

　　猪就这样卖了。事后，奶奶埋怨说："真是个怪人，也不知缺了哪根筋！"

　　爷爷听后笑笑，没说话。

二

　　一天，我想起爷爷有本书很好看，但一时记不起是什么名字，也忘记放在哪儿。我顶着火辣辣的太阳跑到爷爷正在干活的地里找他。

　　爷爷见我气喘吁吁挺着急的样子，便停下手中的活，问我："什么事让我们王蕾同学这么着急呀？"我将事情的缘由告诉了爷爷。爷爷听完就往家走，一到家就打开他的"百宝箱"，翻出那本破烂不堪的"宝贝"递给我。我突然发现箱底有三双崭新的解放鞋，又看了看爷爷脚上那双像蜂窝一样的鞋子，好奇地问："爷爷，您有三双新鞋子呀？"爷爷看了看我，神秘地从箱子里又翻出一双来，"我呀，还有一双呢！""您有四双新鞋子，为什么不穿呢？您脚上的鞋子已经不行了，到处都是洞，它已经'功德圆满'了。"我望着鞋子，笑嘻嘻地对爷爷说。爷爷忙低头看看鞋。笑着说："没啥，鞋子是有点儿破，不过还能穿。"说完，便又下地干活去了。

　　"你爷爷呀，缺根筋。"奶奶小声对我说。

　　我没接奶奶的话茬儿，若有所思地看着爷爷扛着锄头走向田地的背影……

三

　　这几天，收购员要来收购粮食，村里人忙个不停，把要卖的粮食准备好。我家也忙着准备。

　　"老怪，今天要来收购粮食，那半袋谷也掺在那几袋谷里卖了吧，我捡干净了。"奶奶串亲戚前一遍又一遍地嘱咐爷爷。

　　"放心去吧，这次一定听你的。"爷爷一本正经地把奶奶送出门去。

　　夕阳映红整个小村的时候，奶奶回来了。

　　"咋样，卖了吧?"奶奶一进家门就急切地问爷爷。

　　"卖了。"爷爷满脸是笑地说，"人家都是二等，咱们是一等。"

　　"你真行! 好，今晚给你做顿好吃的犒劳犒劳你。"奶奶喜滋滋地围上围裙向厨房走去。

　　"咦，这半袋谷怎么还在这里?"奶奶生气地说，"又是你捣的鬼。"

　　"嗯，我不傻，一等比二等价钱高!"不等奶奶回答，爷爷就说，"老伴你消消气，剩下那谷呀咱们喂鸡……"

　　奶奶被逗笑了，只得说了一句："你呀，就是怪味豆吃多了!"便做饭去了。

　　我想，"怪味豆"虽怪，但这味儿美着呢，我喜欢。

　　从这篇短短的作文中，可以看出选材方面的一些特点。

(一) 选材要少而精，围绕中心

　　写爷爷，可供选择的事肯定很多。勤劳质朴、热情周到、关爱晚辈等等，那可不是有一箩筐嘛。可是，别忘了，文章的题目是写爷爷的"怪"，那么选材中与"怪"这一中心关联不大的要统统弃之一旁，也就是说，要围绕中心来选材，做到少而精，切忌多而散，否则写出来只是材料的大杂烩，既无趣又乏味，自己读了都厌倦，自然也较难引起别人的阅读兴趣。上文中，给猪刚喂过还告诉收猪人，箱底压有四双鞋却依然穿着有洞的。这样的爷爷确实与一般人不一样，这样的怪爷爷做事果真有点怪。你看，虽寥寥两则材料，却精要简洁，紧紧围绕中心，对突出爷爷的"怪"起到了很好的作用。

（二）要有典型性

什么叫典型性？就是有代表性。在选材时不要面面俱到，要选择最能突出人物特点、最能表现人物个性的材料。文中卖猪一事最典型，也最能体现爷爷的"怪"。一般人怎么会那样做呢？甚或有的人不仅不会那样做，还会反其道而行之。而爷爷的举动，不仅在"我"和奶奶，就是在外人——收猪的人、周围的人看来，行为也属怪异。而爷爷却丝毫不以为怪，只按照内心坚持的原则，只按照常有的处事方式，自然而然、真诚坦诚地做了。你看，不掺假，不马虎，有一说一，诚实守信。卖谷一事是对爷爷的"怪"的进一步深入刻画。这就是小作者笔下的爷爷，一个普普通通的劳动者。爷爷那可贵的"怪"行为与当前社会的弄虚作假、自欺欺人相比，更显得弥足珍贵。这样的事件多么典型！这样塑造出的爷爷多么可爱！而有了如此典型的事件，又何愁刻画不出鲜活的人物呢？

（三）要一线穿珠，重视材料之间的内在联系

也就是说，在选材时，要考虑材料与材料之间、材料与中心之间、材料与刻画人物个性之间的有机联系，不能东一榔头西一棒槌，散乱无章，毫无头绪。就像上文，选择的三则材料——爷爷卖猪、穿旧鞋、卖谷之间有其内在的联系，都指向

爷爷的"怪"。也就是说，正是因为爷爷的诚信如一，才表现出了在外人看来的"怪"行为，这其中是存在着一定的内在因果关系的。因此，这样的怪爷爷多么让人尊敬，而这"怪"又是爷爷多么鲜明的个性特征！

恰当的选材使得人物形象立体又鲜活。

严格选材，要树立主人翁意识，要做材料的"大管家"。材料的妥帖、新颖、意蕴都是基于材料本身，但还要注意的是，要做材料的主人，会看——能够通过看、听、观、感，多渠道占有材料；会想——对材料做细致分析，思考材料的内在意蕴，有时同样占有的材料，感受思考的深浅程度不同，写出的作文等级就会不同；会记——随手记下所思所想，储存材料，免得珍贵的小念头、小感悟转瞬即逝。在积累材料时做"有心人"，在审视材料时做"思想者"，对写作材料的特点、内涵、使用范围、适合文体等，在广度、深度方面多想一想，从真实新颖的材料中发现典型性、生动性，一些看似不起眼的材料可能就会散发奇异的光彩，生发耀眼的价值。这样，充分发挥写作主体的能动性，在作文时，就能对材料进行张罗派遣、调度统筹，一篇好作文的材料基础也就具备了。

第九讲　合理虚构

当下读到部分习作，无论是考场作文还是日常作文，出现了一股较为汹涌的潮流，那就是杜撰乱编。

当然，编作文并不是一个新鲜的事物，此种现象由来已久。譬如，周末帮助五保户老人抬水、扫院子，虽累得气喘吁吁，但心里像喝了蜜一样甜；大扫除时汗流满面，但看着窗明几净的教室，却发出了会心的微笑；还有走过老师窗前望见那依然明亮的灯光与老师伏案的身影时，不由感动得泪流满面，等等。这样的编写已经过时了。今天，作文编写的故事似乎也在与时俱进。你看，家里买了小轿车，一家人欢天喜地去旅游，却不期遭遇车祸，至爱亲人撒手人寰；父母外出务工以致十几年不曾见一面；同学的别离也由普通的转学到背井离乡去了美国、加拿大、澳洲，因而，凄凄惨惨的离别自是痛哭流涕；等等。说起来编的是五花八门，其中较为常见的是这种笔下虚假的大悲情，设计的故事多为离婚、车祸、残疾、不治之症，好像依靠这些作文就能写得情感真挚，就能打动阅卷老师获得高分似的。

我们来看一篇作文片段。

"由于骨折，我被迫躺在了医院的病床上。

"窗外的天空已经暗了下来。我的视线在病房的天花板上漫无目的地游移。忽然，走廊里一阵喧闹声。原来又来了一个新病人，苍白的脸，瘦弱的身体，青筋暴露的手腕上还打着点滴，一头白霜似的头发使她看上去更加衰老。

"'护士阿姨，我是来陪夜的。'

"这声音像一阵清风吸引了我的目光：小姑娘一张笑眯眯的脸，衬在清水般的绿墙上，像刚刚盛开的一朵白睡莲，闪闪的眼睛是嵌在花瓣上的两颗晶莹的露珠。看起来十二三岁的样子，脖子上还系着鲜艳的红领巾。

"就这样，整整一个晚上，小姑娘坐在老奶奶的床边，细致入微地照顾着老奶奶。第二天早晨，白发老人醒了，在小姑娘的精心照顾下醒了。病房里的人都说她有个好孙女，真有福气，但白发老人却轻轻叹了一口气，笑了。'我可没那个福气，我孤身一人，这孩子是我同楼邻居的女儿，平日里全靠他们帮着买盐买米呢。'

"就在大家你一句我一句地夸赞着小姑娘时，她又开始忙活起来。

"'姐姐，这是你的水瓶吗？我给你打点热水吧。'小姑娘笑眯眯地站在我的身旁。

"'哦，那太麻烦你了。'

"'不麻烦，我正要去给奶奶灌热水。'说着她就把我和老奶奶的水瓶一起拿走了。打水回来，白睡莲又开始蹦蹦跳跳地忙碌起来……直到墙上的时针已经指向了七点十五，她才急匆匆地往学校奔去。

"接连几天，小姑娘的身影准时出现在病房的门口。'阿姨，我是来陪夜的。'这甜美的声音一次次地在我的耳畔响起。

"是什么在我寂寞了许久的心房中轻轻地、暖暖地涌动着？是甜润的春风，是细柔的春雨，还是欢乐的百灵鸟？"

你被小姑娘的举动感动了吗？

我是没有，不仅没有，相反还觉得叙述的事件太假了。之所以让人感觉虚假，是因为违背了生活的真实性，所记叙的事件和细节经不起推敲，不符合生活的逻辑。尽管乍一看有较为清晰的叙述和通顺的语言，甚至在文章结尾作者还在刻意想要凸显含蓄悠长的意味，但这一切都掩盖不了文章的苍白、空洞、虚假、伪情。一个十二三岁的小姑娘连续几夜护理病人，白天还要上学，从精力和体力上如何吃得消，这样的重担别说对孩子，就是大人恐怕也要轮流护理；再者，小姑娘的家人同意并忍心让自己的孩子做出这样的举动吗？如果同意，那父母在这件事中的态度也让人不解。情节的设置与生活严重脱节，无论从哪一方面看都逃脱不了胡编乱造的嫌疑。

为了预设的一个要表达的主题，譬如上文，想要颂扬小姑娘的助人为乐与邻里之间互帮互信的社会好风尚，就虚设一个特定的情景，编造一个虚假的故事，试图蒙蔽读者的眼睛，去彰显自己硬要安插在文章中的宏大意义，这不仅会使写作文风不良，也使作文成为假话、大话、空话能够存活的母体或者寄主。

那作文到底是什么？"作文同吃饭、说话、做工一样，是生活中间缺少不来的事情。生活中间包含许多项目，作文也是一个。""作文是生活，而不是生活的点缀。"① "可是，有一批人把写作的性质认错了，他们以为这是生活的一种点缀，好比这会堂中挂着的柏枝和万国旗，他们忘记了写作便是生活的本身，所以没有什么意思和情感的时候，也可以提起笔来写作长篇大论，有了什么意思、情感的时候，又可以迁就格式，模仿老调，把原来的意思、情感化了装。总之，他们对于写作不当一回事，不用真诚的态度去对付，只看作同游戏差不多的玩意儿。这样认错了的人历来都有，他们对于写作方法自有他们的专门研究。在我们，这等专门研究是无所用的。我们为要充实我们的生活，所以必须修练写作的技能，在这样的情形之下，对于写作方法的研究非从实际生活出发不可。惟有这样，研究得来的结果才有用处，才会增进我们写作的技能。"② 这就告诉我们：作文就是用文字书写自己的生活，充实自己的生活。

这时有的同学说，我的生活经历有限，阅历尚浅，感悟思考的能力较低，作文时常常无话可说，只好借助编来完成一篇作文。其实，青少年的世界是最为丰富最为鲜活的，他们怀着同大人不一样的心思，其中藏着大人不知道的秘密，有着大人看不到的东西。只要把自己看到的、听到的、心中想说的话真实地写出来，表胸中的真情，那笔下的作文虽说不上是妙笔生花，也一定是生动活泼。因为对于少年，最可宝贵的是那天真烂漫的童心、童言，是那纤尘不染的童真、童趣，是那涉世未

① 夏丏尊，叶圣陶. 文心［M］. 北京：生活·读书·新知三联书店，2008：20.

② 夏丏尊，叶圣陶. 文心［M］. 北京：生活·读书·新知三联书店，2008：263-264.

深、青葱人生特有的壮怀和志意。只要是以自己的眼睛、心灵感知触碰着这个世界，根本用不着编，笔下自会涌现出源源不断的写作素材，作文还会因为写了真话，抒了真情，深深感染读者。

那又有同学说了，我知道作文要写真事、抒真情，不能编，那小说戏剧中发生的事件难道都是真的吗？这个问题问得很有高度和价值。

这里大家先要分清楚，作文和文艺作品还是有区别的。虽然小说中的人物、情节大多并非确有其事，是由作者虚构的。但是，"文艺工作者从许许多多的社会现象中和生活实践中得到自己的体会，在他认为他的体会值得告诉别人，至少对别人有参考价值，这才构造一个故事，安排许多情节，把他的体会表达出来。这也是对自己对别人的老实，跟说谎骗人绝对不同"。

沐绍良、方健明二位先生在合著的《写作指引》一书中也谈道："通常，每篇文章的材料，无论是现实的，或者是虚构的，都不能违背情理。正唯如此，写作者在选取材料的时候，往往从'现实'下手。可是'现实'的材料，大都是片段的，芜杂的，写作者虽然得到了它，还得经过一番加工的手续，才能把它写成文章。高尔基在《我的创作经验》一文中，也认为从社会上观察得来的人物，不过是半制品，作者还应该加工制造。他说：'用自己的经验，自己的知识去琢磨他们，去替他们说尽那未说完的话，完成那未完成而按着他们的资力应该完成的行为。这儿就是虚构的地方，艺术的创作。'"①

① 沐绍良，方健明. 写作指引［M］. 郑州：文心出版社，2019：168-169.

　　也就是说，这虚构由于依据生活的逻辑，那创造出的人生图画、故事场景虽然并非现实生活中的真实存在，但入乎情，合乎理，背后蕴藏着普遍的真理性和人类共通的普遍的情感性，是可能在不远的将来给予科技进步和时代发展能够实现的蓝图。因而，小说中的故事，包含着作者思想感情的"真"，读者读来感觉也"真"，这时的虚构是产生了文学上的"真"的价值的虚构。所以说，合理虚构与杜撰瞎编是有着本质区别的。虚构是为着一定的写作目的，在具有生活真实的基础上，进行的合理的想象。

　　再深入一点说，和文学创造中的生活真实和艺术真实有关。生活真实很好理解，历史上的或现实中的各种事物以及现象，只要存在过，就是生活真实。艺术真实是指，作家合情合理地反映、理解、阐释他所理解的客观对象与外在世界，做到了这一点，他的作品就具有了真实性的品格，也就实现了基于生活真实又高于生活真实的艺术真实。

　　我们都知道，文学创造的价值追求是真、善、美。求"真"是第一位的，失去了"真"，"善"的情感评价与人文关怀、"美"的形式创造和艺术手段，就失去了依托。因此，"真实"就成了艺术的生命，"真实性"就成为评价文学创造成果的首位标准。作为作家，巴尔扎克说："获得全世界闻名的不朽的成功的秘密在于真实"，"艺术家的使命就是把生命灌注到他所塑造的这个人体里去，把描绘变成真实"[①]。"俄国杰出的文学批评理论家别林斯基则从读者接受的角度强调：'真正的

---

① 童庆炳. 文学理论教程 [M]. 北京：高等教育出版社，2004：155.

艺术作品永远以真实、自然、正确和切实去感染读者’，这样的作品越是多读，‘你和它之间的内在情意和联系也就越深入、实切而不可分割。’”① 不管是作家还是文艺评论家，都把"真实"放在文学创造的首要位置。

　　鸿篇巨制的经典文学作品自不用说，常常因为具有极高的"真实性"，成为一个国家或一个民族、一段历史或一个时代的客观反映。巴尔扎克创作的《人间喜剧》，以2400多个人物形象，丰富展现了19世纪前半期法国特别是巴黎上流阶层金钱支配一切的社会状貌与生活图景，被称为法国的"社会百科全书"。列宁高度赞扬托尔斯泰"不仅创作了无与伦比的俄国生活的图画，而且创作了世界文学中第一流的作品"②，其作品真实形象地反映了"十九世纪最后三十几年俄国实际生活所处的矛盾条件的表现"③；"作为俄国千百万农民在俄国资产阶级革命快到来的时候的思想和情绪的表现者，托尔斯泰是伟大的。托尔斯泰富于独创性，因为他的全部观点，总的说来，恰恰表现了我国革命是农民资产阶级革命的特点。从这个角度看，……的确是一面反映农民在我国革命中的历史活动所处的各种矛盾状况的镜子"④，所以，列宁称"列甫·托尔斯泰是俄国革命的镜子"⑤。

　　就是一些短小的篇章，同样有着极为深刻的真实性。俄国

　　① 童庆炳. 文学理论教程［M］. 北京：高等教育出版社，2004：155.
　　② 列宁选集：第二卷［M］. 北京：人民出版社，1972：370.
　　③ 列宁选集：第二卷［M］. 北京：人民出版社，1972：371.
　　④ 列宁选集：第二卷［M］. 北京：人民出版社，1972：371.
　　⑤ 列宁选集：第二卷［M］. 北京：人民出版社，1972：369.

著名作家契诃夫的短篇小说，诸如《万卡》《变色龙》《小公务员之死》《胖子和瘦子》等，截取的都是日常生活中随处可见的小人物、小故事、小场景，却因为对俄国专制制度下社会生活保守性、残暴性与人性的自私性的深刻叙述，淋漓尽致地揭露了俄国社会的本质特征，达到了艺术真实与生活真实的高度统一。

需要明确的是，反映社会人生、再现客观事物及现象的作品并非既要有"真实性"的要求，又要在创作中体现"真实性"，一些大胆想象的浪漫之作，通过主观变形手法，暗示性的形象创造的象征性作品等，同样彰显着"真实性"的品格。英国作家 J. R. R. 托尔金在长篇小说《魔戒》中创造了一个奇幻诡谲、瑰丽宏阔的想象世界，虽然表面看与现实世界完全不相符合，但是，中土世界各种族追求自由、抗击邪恶的精神，与历史、现实社会中人类的实际生活具有高度的一致性，演绎的依然是人类社会对自由、和平、正义及真、善、美的永恒追求，只不过历史的真实和生活的真实潜藏在极富创造性的叙写之中。

不单是小说、叙事类作品追求真实性，抒情类作品同样追求"真"的审美价值。这些作品中的真实，或是凝聚着作者丰富的生活情感体验，或是体现了作者对社会人生的深刻哲理思考，或是表达了作者的价值取向与理想志意，在某些层面揭示了事物的内在本质，是反映了生活内在意蕴的艺术真实，能够产生强烈的感染力、震撼力和生命力，深深地打动读者。

来看一首诗歌：

帆

莱蒙托夫（余振　译）

在那大海上淡蓝色的云雾里
有一片孤帆儿在闪耀着白光！
……
它寻求什么，在遥远的异地？
它抛下什么，在可爱的故乡？……

波涛在汹涌——海风在呼啸，
桅杆在弓起了腰轧轧作响
……
唉！它不是在寻求什么幸福，
也不是逃避幸福而奔向他方！

下面是比蓝天还清澄的碧波，
上面是金黄色的灿烂的阳光……
而它，不安的，在祈求风暴，
仿佛是在风暴中才有着安详！①

　　这是一首抒情诗。短诗以象征的手法，塑造了孤独坚守、厌恶安逸的"孤帆儿"形象，表现了诗人英勇的进取精神和顽强的拼搏信念，内蕴真实，能够引发读者的深沉思考。

　　这就给我们写作文带来很多启示，表达真情实感自然是作

_____

　　① 〔俄〕莱蒙托夫. 帆［M］//淡霞. 人一生要读的100首诗歌. 北京：中国和平出版社，2006：252.

文的首要要求。首先要写自己亲身经历、体验过的，尤其是对尚在写作练习阶段的中学生而言。在对记叙文、议论文、说明文等基本教学文体有了较为扎实的写作基础后，可以进行合理的想象、虚构，通过创设假定情景、塑造奇幻形象、重组现实与非现实世界等方式，丰富表现内容，表达自我情感。即使设定的时空、环境、人物、情节有时会离奇荒诞一些，但是因其符合事理逻辑和情感逻辑，不仅同样能够得到读者的认可和喜欢，给读者带去奇妙独特的阅读体验，也能很好地表达自己的真情感、真性情。

因此，作文时，首先要秉持一颗真诚的心，要有做老实人说老实话的意识，从贴近自我内心的情感出发，忠诚于事物的真相，忠诚于心灵的感受，忠诚于真情的表达，把说真话抒真情作为写作的首要之义，在文中倾注写作者的生命体验，彰显独特的见解、主张，如此写出的作文一定洋溢着写作者内心澎湃的活力，体现着写作者真挚深沉的情感，自然会打动人。而那些充斥着不切实际的杜撰、胡编乱造的作文，应当坚决杜绝，摒弃一旁。

第十讲　思路结构

何谓思路？思路就是作者构思或写作时思想发展前进的路线，体现着写作者思维活动的轨迹，反映其思想认识的系统化、条理化、明晰化进程。理清思路的过程，是一个由混沌至清晰、从无序到有序、自模糊而清晰的过程，体现作者对文章的整体构思及运笔时的统筹安排。

何谓结构？结构就是文章的组织形式与构造安排。它是作者内在构思的外在表现，是构成文章的基本骨架。不会结构，写作思路无以为托，思想难以很好呈现；没有思路，文章结构支离破碎，豆剖瓜分，成了一盘散沙。

一、思路与结构要遵循的基本要求

（一）思路和结构要遵循生活固有的规律

社会生活的演进有着内在的本质规定性。作为反映文章思想发展路线和组织形式的思路与结构，就要符合客观事物现象与社会发展的内在逻辑。记事作文要求明确记叙"六要素"，尤其要注意把事件发展的过程写出来，让读者明白开端、高潮和结局，就是因为在现实生活中，事件就是依照这样的过程发生发展的，作文就是把事件的本真转化为了写作的本真。

（二）思路和结构要体现作者认识反映事物的特点

因为思路是内在于心的，是在脑中勾勒出文章的布局，而这布局如何，取决于作者的头脑对客观外界事物的认识程度和反映水平。由于客观世界的复杂性，不同人对同一事物的认识不同，进行构思时思路活动自然会有所不同。比如描写景物，有的以游踪为序进行布局，有的以固定观察点俯仰之间的变化进行布局，还有的重点以游览过程中的观察感受的演进来布局。摹写景物时的布局不同，每个写作者形成的思路就会有差异。

（三）思路和结构要受到文章主旨的制约

譬如，想要写一篇提出观点、阐发见解、宣传主张的论说文，一般要明晰"是什么""为什么""怎么办"的基本思路。"是什么"主要解决阐发类别与性质，便于读者初步了解；"为什么"重在由果溯因、明确目的；"怎么办"则要明确解决方法和路径。在论说结构上，往往需要起承转合。"起"，提出问题，直陈观点。"承"，展开论述，或正面阐述，或反面立论。"转"，或是正转，就是换个角度，引出另一层意思，与前述论证有机衔接；或是反转，来个180度大转弯，思路反向进行逆转，展开反面论说。"合"是归拢收束，旨明文止，或从认识角度提升，或从实践层面落实，要明确表示。议论文写作时这样安排，既是思路发展的要求，也是写作时的要求，更是读者阅读文章的自然要求。当然，不是每一篇论说文都要有完整的起承转合，具体使用情况要结合每一篇文章的思路结构与文体特点。

至于其他文体，譬如诗歌、抒情散文等，起承转合的方式和节奏与论说文存在区别，但是，打好开头一炮，激发读者阅读兴趣，要做到，这是起；接承开头，推动思路发展，使开头部分的引领作用发挥得更充分，要有思考，这是承；转弯抹角，调头转向，使思路起一些转折变化，避免平铺直叙，要想办法，这是转；或一针见血直接表白，或含蓄委婉意在言外，要点出来，这是合。大体上起承转合的节奏也是具备的。

从个案来说，更有"起"的新奇，或开门见山，或咏吟他物进行联想托出主题，不一而足；还见"转"的多端，例如，记叙时是通过写事情发生根本变化来"转"，还是通过环境烘托、敷陈铺垫、次要陪衬、预设假设来"转"等多种手法；体现"合"的多元，如，是直接明示主旨，还是根据体裁特点及作者表达的方式，留有"弦外之音"，让读者自己在阅读鉴赏中进行创造性理解，悟得"言外之意"，与作者一起完成，则看作者构思之新之巧与思路行进的路线方向了。

由此可见，不同文体的思路特点还是有着明显的区分，有着自身特有的一定规律。

作家张晓风在一篇题为《有些人》的文章里，叙述了这样一件事：

"对于代数中的行列式，我是一点也记不得了，倒是记得那细瘦矮小、貌不惊人的代数老师。

"那年七月，当我们赶到联考考场的时候，只觉得整个人生都摇晃起来，无忧的岁月至此便渺茫了，谁能预测自己在考场后的人生？

　　"想不到的是代数老师也在那里，他那苍白而没有表情的脸竟会奔波过两个城市在考场上出现，是颇令人感到意外的。

　　"接着，他蹲在泥地上，捡了一块碎石子，为特别愚鲁的我讲起行列式来。我焦急地听着，似乎从来未曾那么心领神会过。泥土的大地可以成为那么美好的纸张，尖锐的利石可以成为那么流利的彩笔——我第一次懂得，他使我在书本上的朱注之外了解了所谓'君子谋道'的精神。

　　"那天，很不幸的，行列式并没有考，而那以后，我再没有碰过代数书，我的最后一节代数课竟是蹲在泥地上上的。我整个的中学教育也是在那无墙无顶的课室里结束的。事隔十多年，才忽然咀嚼出那意境有多美。

　　"代数老师姓什么，我竟不记得了，我能记得国文老师所填的许多小词，却记不住代数老师的名字，心里总有点内疚。如果我去母校查一下，应该不甚困难，但总觉得那是不必要的，他比许多我记得住姓名的人不是更有价值吗？"①

　　从文章思路看，首段是"起"，吸引读者的注意力，为何"对于代数中的行列式，我是一点也记不得了"，"倒是记得那细瘦矮小、貌不惊人的代数老师"呢？

　　二、三、四段是"承"，"承"开头的起笔，书写"记得"代数老师的缘由，就使得"起"的部分更有事情支撑，体现更加充分。

　　第五段是"转"，代数老师"蹲在泥地上，捡了一块碎石子"为"我"讲的行列式并没有考。如果直接写代数老师讲的

---

① 张晓风. 有些人 [J]. 作文，2019 (12)：1.

行列式题目在考试中恰巧考到了，就会显得过于直白，也会对文章后面的"合"形成障碍。你看，作者转得多巧妙，这一转，事情起了变化，文章有了波澜。

最后一段是"合"，通过叙述直接抒情。末句更是以"他比许多我记得住姓名的人不是更有价值吗?"的反问口吻，点出了代数老师"君子谋道"的精神与作为人师的人生追求与价值。

短短不到 500 字的片段，起承转合如行云流水，自然而然，暗合无痕，中藏妙法，思路与结构之巧令人叹服。

不过，如果不管写什么文章都过于讲究起承转合，就有可能陷入形式主义的泥淖。夏丏尊、叶圣陶先生在合著的《文心》一书《文章的组织》一节中谈道："一篇文章的写成，最要紧的自然是'说些什么'。这是所谓内容。有什么可说了，最要紧的是'怎样把它着手组织'。这好像属于形式的问题，但实际上却并非可以这样判然划分的。组织得适当，内容就见得完满、充实；组织得不适当，甚而至于没有组织，那就影响到内容，使它不成一件东西。所以，内容靠着组织而完成，组织也就是内容的一部分。"①

所以，构思时要始终以内容的表达为首要任务。

二、思路要宏阔严密

就像做人既要有大格局、大气度、大气节，又要拘小节、扫一屋、修己身，作文也一样。写作时思路既要宏阔活跃，又

---

① 夏丏尊，叶圣陶. 文心［M］. 北京：生活·读书·新知三联书店，2008：271.

要缜密严谨。

（一）思路要宏阔活跃

宏阔活跃是说思路要宏伟辽阔，积极自由。正如刘勰在《文心雕龙》所说："文之思也，其神远矣。故寂然凝虑，思接千载；悄焉动容，视通万里；吟咏之间，吐纳珠玉之声；眉睫之前，卷舒风云之色：其思理之致乎？故思理为妙，神与物游……此盖驭文之首术，谋篇之大端。"[①] 以此得到所谓的"神思"。对于如此"神思"，可以这样理解，就是能够打破思维定式，扩大构思的自由度，跳出陈见旧框，善于进行多维度思考，多角度分析，展开丰富的联想与想象，结合正反，沟通中外，串联古今，透视远近，思路得到广阔的拓展延伸。同时，对于文章的表现形式，也因材料而选择，依主旨去筛选，用严格选材后的最切合、最有新意、最有意蕴的材料，配上最恰当、最自然的表现形式，去表明作者最想表明的中心旨意。

（二）思路要缜密严谨

缜密严谨就是说思路要连贯自然，衔接有序，细致周密。叙述过程中，前面提及的后面缺乏交代，造成前后脱节断线；论述观点过于强调绝对性，不能够进行辩证分析，以致存有漏洞，立论站不住脚；甚而考虑不全，片面固化，前言不搭后语，出现前后矛盾或自相矛盾的情况。这些都是思路不缜密、不严谨的表现。

思路细致严密需要经常锻炼。

---

① 刘勰. 文心雕龙 [M]. 郑州：中州古籍出版社，2008：271-272.

外出旅行，尚要规划路线，明确重点参观景点，以便合理分配时间精力，期望观有所获，游有所值。作文更要如此。构思时就要想好文章先写什么、后写什么，对开头起笔、承接转折、悬念设置、伏笔照应、结尾安排，等等，进行合理安排，形成清晰思路。有同学会说，这个很难，自己在构思时面对一大堆材料，也进行了"浮想联翩""发散思维"，可是总觉得各方面的材料布局不到位，各维度的材料不能很好地统一起来，就造成作文时东拼西凑，东拉西扯，走一步瞧一步，写一段看一段，结果写成的作文要么拉杂繁冗，要么缺筋少骨，自己都觉得不够好，更别说让老师评改了。

大体而言，在中学生的作文中，常存在以下问题：要么内容贫乏，语言干瘪，思路打不开；要么内容庞杂，语言啰唆，思路紊乱；要么内容缺遗，语言前后不搭，思路断片。

其实，出现上述情况，也不要太着急。只要多加练习，构思的能力就会提高，思路的明晰度就会加强。

首先，要想得细一些、深一些。

构思时，对起始"浮想联翩"阶段的素材进行勾连梳理，根据表达主旨，把若明若暗、若断若续的想法进行细处挖掘、深处着力，去暗彰明、续接断片，进行条理性练习，使得材料各归其位，到这时，思路也就顺畅清晰了。

其次，还要笔头勤一点。

把初始构思时的零言碎语、只言片段，甚至想到的关键词语、闪烁的细碎思想火花等迅速记下来。这样做既积累了思想，又便于开始构思时材料信手拈来，不至于遗忘漏掉好的想法。苏联作家左琴科就特别注重这一点，他说："我想，每个作家都应该预备着笔记簿。它对于我常是非常的重要。几乎每天，每晚，我都要记入日记簿几个单字，一两个句子，有时候也用极简单的一字或一句记入一些随便遇见的形象。我已经养成了习惯，每天非做点这种事情不可。每天我记入日记簿的获得物，在我的比较远大的工作上，固然会常不适用，但有些时候，特别是当我工作没有了灵感的时候，我便从日记簿里摘取单字句子而将它们运用在小说或故事里。"①

再次，可以列出提纲。

列提纲就是理出思路的结构图、路线图，进行审视周查，形成写作提纲。多编写作提纲对于开阔严密的思路形成大有益处。张中行先生在谈到作文的条理与提纲时，对列提纲的重要性与方法进行了特别强调：

"因此，作文，下笔之前思路的条理，我们要求的不必是完美无缺的，而是大体可用的。大体可用，它就还可以改进，或说还有待于改进。怎么改进？一种常用而有效的办法是先写提纲。

"提纲可以有助于思路的条理，使之明晰，使之渐臻于完善。情况是这样。有文章要写，下笔之前，思路的明晰程度可以很不同。有时候只有主旨，譬如驳某人某篇文章的议论，主旨明确，至于用什么理由驳，模糊，论点和论据怎样安排，更模糊，都要等笔接触纸时的灵机一动。有时候，不只主旨明确，内容的要点也有大致的轮廓；还有时候，想得多而细致，

---

① 唐弢. 文章修养 [M]. 郑州：文心出版社，2019：96.

连开头、结尾以及段落的安排都有了拟定的格局。三种之中哪种为好？不宜于抽象地回答，因为要看写文章的是什么人，写的是什么文章。譬如鲁迅先生写杂感，推想下笔之前的思路情况总是属于第一种，甚至写小说，写《阿Q正传》，情况也属于第一种。但这是鲁迅先生，至于一般人，要量力而行，不能勉强也照样来一下。这里谈作文，主要是就初学立论，那就无妨说，思路的三种情况之中，以最后一种想得多而细致的为好。想得多而细致，形成篇章结构的蓝图，或说腹稿，只装在头脑中也无不可；但总不如拿出来，使它固定在文字上，就是说，写成提纲。理由之一是定下来，可以避免模糊以至遗忘；之二，文字比头脑里的思路明晰，比较容易组成合用的体系；之三，写下来，放一放，可以用过些时候的思路来审查，改进，以求更合用。

"写提纲，可详可略，大致说可以分为两种。一种是'纲领式'的，只写内容的要点，以及文意的大致安排；或者只写内容的要点，连文意的安排，哪些先说，哪些后说，都留待动笔的时候相机处理。一种是'细目式'的，不只写明内容的要点，还写明表述此内容的篇章结构的具体安排，如由哪里说起，中间怎样转折、过渡、联系，最后怎样收束，等等。就初学说，两种提纲之中，以细目式的为好。理由有很多，如：（1）可以锻炼思路，使之细密，也就是培养编写腹稿的本领，有了这种本领，在适当的时机，即使不写提纲也可以下笔成章；（2）写成文章，内容和表达都可以比较有把握；（3）动笔的时候不至于盲人走生路，不知道下一步该怎么迈，或者上句不接下句；（4）提纲细，构思时想到的一些精彩的意思、措词等也可以记下来，那就不至于有好兵器而作战时没有用上；等等。"[1]

　　编写提纲的目的是在梳理积累的材料基础上，明确自己要写什么，从哪些方面来写，对于文中要写的重点部分、重点段落，需要在提纲中体现。这样在写的时候就容易把重点内容写得详细具体。

　　譬如，要写《我的戏迷奶奶》一文，初始构思时头脑中会涌现出很多材料：

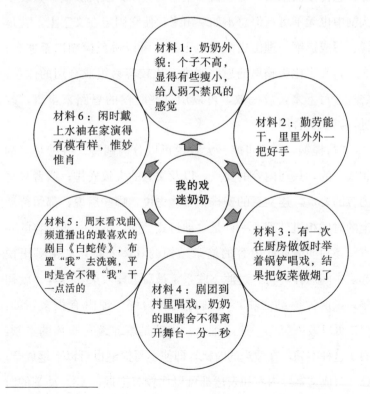

　　①　张中行. 作文杂谈 [M]. 北京：开明出版社，2021：134-136.

当细细构思时会发现，奶奶的外貌描写、奶奶的勤劳能干，与表现"戏迷奶奶"的关联性不大，需要重点写的是能够表现奶奶喜欢唱戏、看戏的典型事例，这样进行条理性的梳理后，删除多余的材料，留下能够突出表现人物特点的事例，就形成了下面的写作提纲：

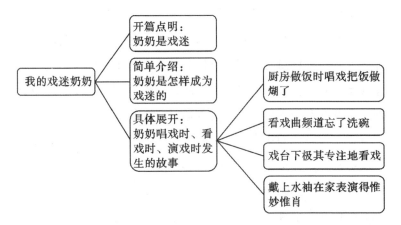

做到了思路的宏阔严谨，列出了严密的写作提纲，以此行文，文章的结构就有了。一般来说，只要有了好的思路，自然而然会有好的结构。

三、结构要合理清晰

合理、清晰的结构要求是基于客观事物发展规律与人类反映认识事物的基本规律。这与思路的要求是一致的。一方面，对于外在的世界图景、事物发展变化的规律要有基本了解；另一方面，对于人类把握世界的基本方式也要有基本认识。在此基础上，结构的合理就是必然要求。学会把握客观世界事物之间的时间关系、空间关系、逻辑关系，能够理解认识事物规律中感性与理性的基本矛盾和基本关系。比如，由感觉到知觉，由单纯到复杂，由具体到抽象，由特殊到普遍，由个性到共性，等等。对这些逻辑关系有了较为深入的理解，就能对人类认识世界的动机、目的与基本规律有大致了解，在构思时就会优先考虑思路的合理性。

那么，写作时，通过先总后分、先分后总，就能根据作文需要，处理好构思时局部与整体的关系；运用直叙、倒叙、插叙等不同叙述手法，就能更加清晰地记叙事件的过程，还能引起读者的注意和兴趣；平铺直叙地进行介绍，是为了读者更快更好地了解事物的状貌特征、功能作用；论说时通过归纳推理与演绎推理，在于作者想要更加鲜明地表达自己的主张。所以，我们在阅读时会发现，记叙类文章常常结构曲折多变，应用文结构常常平直，论说文结构通常逻辑严密，就是作者在作文时把客观世界的规律和认识世界的规律很好地结合起来，进行统筹考虑、有机安排的结果。

在思路明晰后可以列出写作提纲，安排结构也可以借助提纲。无论是采用"树形图"还是"条目式"，都要对各个部分之间的关系进行审视，重在审查结构是否合理，有无重复疏漏。

宏阔严谨的结构与合理清晰的结构相互关联。在严格选材的基础上，确定要写的具体内容，做到言之有物；根据严格选择的材料，合理安排文章的结构思路，做到言之有序。"物""序"明确，文章就会轮廓自显，思路自明，结构自清。

第十一讲　语言表达

语言建构与运用是语文学科核心素养的基础。而借助自己在语文学习过程中形成的语感以及对语言运用规律的把握和理解，根据作文题目的要求，运用书面语言，对心中所思所想准确、连贯、简明、生动、文明、得体地表达出来，是语文核心素养具体呈现的外在表现之一。

在作文过程中，经过审题立意、构思选材、明晰思路的过程，就进入了语言表达这一重要环节。

一、进行语言表达首先要选取适合的表达方式

文章的表达有多种方式。

表达方式不同，所用的材料也不同。作文的过程，通常情况下是积累了一些材料，生发了些许触动，想要进行表达。不过有时候也会根据表达方式的不同，选择不同的材料。但是，以材料为主，根据材料选择适当的表达，会更为合理，更为多见，也便于写作。只要想一下，就知道为了表达方式去选择材料是多么困难、多么不合理的事，因为写作是由于有了可写的材料与交流的需要而写，而不是为了一种表达方式去写。

大家最为熟悉的表达方式有五种：记叙、说明、议论、抒

情、描写。记叙所用的材料侧重人和事，注重发展变化，主要是为了使读者了解人物言行和事情过程，当然事情发生的场所和人物活动的环境有时也需要有所交代。说明的材料多是大千世界的事物、事理，主要是为了了解事物的性质、状态、功能、地位、作用等。议论所用的材料多是观察思考社会人生后形成的见解和主张，主要是为了作者的观点为读者所信服；抒情所用的写作材料较为多元，无论是直接抒情还是间接抒情，都是为了表达作者的内在情感。描写是用细致的笔法对人、事、物、景的特征、细节或最有助于表现主题的地方进行精工细描，增强客观事物的形象性、生动性、鲜明性，使读者留下深刻的印象。不过也有人认为，描写也可不作为一种单独的表达方式，因为它通常要和记叙、抒情等结合起来运用，起到辅助作用。在这里，暂且把描写列为相对独立的表达方式。

选择什么样的表达方式，首先跟材料关系密切。因为，"文章要写成什么样子，先看那材料应该排成什么样子"。

表达方式的选择也跟体裁紧密相关。体裁指的是作文的样式或体制。体裁的选择一方面基于作者在表现作品是要选择什么样的材料，表现什么样的内容；另一方面还和作者的气质、风格有关系。小说、诗歌、散文、戏剧这些是体裁分类。有的作家会专注一种，有的则会多个体裁都有所尝试。而写作目的和积累的材料类型，很大程度上决定了要选择的表达方式。

明白了表达方式与体裁之间的区别，就懂得了写作纪实性的散文时，主要是受到记叙这种表达方式的制约，要以记叙为主。同理，说明文、议论文也是如此。正是因为这个原因，在作文的梯级训练过程中，就有了记叙文、说明文、议论文等不同文体的专项训练。

但是，训练每一种文体时，在保持或遵循基本的样式与体制下，常常综合运用其他表达方式，以增强文章的摇曳多姿，升华文章的主题意旨，感染读者的思想感情。大多数的文章，常常就是以某一种表达方式为主，其他表达方式附丽增色，共同提升表达效果。

一种为主、其他兼用的表达方式，在运用时要在突出主要表达方式的基础上注意以下几点。

（一）兼用要用得自然而然

主要的表达方式为主动脉，兼用的为支动脉，都是为了使文章得到更好表达。兼用时不能刻意，徒增多余。

司钰阳同学的《开在记忆深处的花朵》一文，叙述了这样一件事：在劳动节假期期间，因要完成老师布置的假期实践活动作业，就决定体验当一回农民。

于是，在曙光微现的清晨，爷爷奶奶就要去田里撒播稻种做秧田。自己睁开惺忪睡眼，一看表才 4 点 50！无奈要完成作业，还是强行起来下田，虽然爷爷看时间太早忙劝阻自己回去睡觉，可自己强调体验得真实，爷爷就给自己分配了给菜地除草的活儿。

接下来小作者写道：

"晨风习习，群鸟啁啾，感觉比在家写作业惬意多了。可好景不长，太阳一升高，可就另一番光景了。虽说是早上，可毕竟是五月的天儿，时间一长，我的'灯笼头'上就汗如雨下了。'锄禾日当午，汗滴禾下土'的感觉可算领受了，现在才知道李绅此诗为何题为《悯农》了。

"又干了半小时，我累得腰酸背痛，四肢发麻。爷爷瞥见我紧皱的眉头，猜出了我的心思，便说：'当农民很辛苦吧，回家歇着吧，瞎编几句算了！'我知道爷爷在用激将法，我才不吃那一套！于是转念一想，计上心来。'这活儿我一定干完，不过……嘿嘿，等稻子成熟之后，一半归我哟。''一句话。不过，如果你半途而废的话，等秧苗长高，你得在另一块田里插两分地的秧！'我犹豫了一下说：'没问题！'

"我弯下腰来，正准备拾起锄头继续除草，只听'嘭'的一声，我只觉当头一棒，眼冒金星。原来不小心踩到锄头尖上，锄柄刷地立起，打到我的脑门儿上了。人要背运，喝凉水都塞牙缝。我气得正欲撒手不干，可一想起那两亩田稻谷的收获，再想想那插两分地秧的惩罚，咬咬牙，揉揉脑袋，重新拿起锄头干了起来。

"大半个上午，在无数次决心、无数次诅咒以及无数次《悯农》的纠缠中，终于熬到日照当头，收工回家的幸福时刻。一到家，我就像只泄了气的皮球瘫软在靠椅上，骨头都快散架了。我总算知道，老爸为何有时下班回来，澡都不洗就在躺椅上呼呼大睡了。爷爷端来了凉水，奶奶拿来了扇子，他们看到我的熊样忍俊不禁。我一瞅镜子，差点没笑呛——头发粘在头顶上像一锅盖，汗水挂在脸上流成了黑河，有点像阵地上逃亡的士兵，又有几分丛林部落里野人的气质。

"夏天的旋律是最紧张的，可四季的流转中农人又何时真正清闲？农民们肩挑日月，手转乾坤，用勤劳的双手种出了十几亿人的口粮，自己清贫简朴却坚韧乐观，真是太不容易了。

"感谢这人生之路上开出的小花，它让我明白了怎样去珍惜农民的劳动成果，也知道了如何去珍惜上学的幸福时光。"

作文首句以"当一回农民可真不容易"起笔，接下来详细叙述了自己除草的体验。文章的主体部分是以记叙为主，而在结尾两段，则进入到抒情环节。前文小作者已将自己真实独特的劳动过程叙述得生动完整，接下来发出对农民辛苦不易，清贫简朴却坚韧乐观的由衷赞美，对学会珍惜的内心感慨，就是上文叙述的自然生发与延伸，毫无牵强做作之感。

（二）兼用要用得灵活适度

一种为主，其他参与，就有互相融入结合的适度要求。主要的表达方式与其他的表达方式的结合，要根据不同文体的特点，灵活运用。或叙述为主，辅以细致描写；或以叙述为辅，佐证论述观点；或以说明为主，插叙动人故事；或以抒情为要，夹叙夹议，升华情感表达。如何兼用，要因文而异。

来看一篇例文：

由《你为何吃掉最后一只虾》想到的

陈徐懿

今天看报纸，我无意看到了这样一则新闻：《你为何吃掉最后一只虾》。文中写道：某校一个小学生的妈妈一次煮了 18 只虾，这个小学生一人吃了 17 只，最后，妈妈只是想尝尝味道，吃了最后一只虾，不料却受到孩子的责怪："你明知道我最喜欢吃虾，为何还要吃掉最后一只？"妈妈生气地掉下了眼泪。

这个孩子的自私程度令人震惊，这样的例子在生活中并不鲜见，比如孩子们只知道父母喜欢吃鱼头、虾尾、包子皮、饺子皮，并不知道父母真正喜欢吃什么。很少有孩子能顺畅地说出父母的年龄和生日，更不知道父母穿多大的衣服、多大号的鞋。

固然，父母对孩子的爱是无私的，不求回报的，但对等的爱、平衡的爱才更和谐、更自然、更美好、更长久！而现在，父母与孩子相互付出的比例是多少？"17∶1"？即使是这样一个比例也是勉强的，这样的比例令人寒心、令人担忧。而这个"1"是多么的软弱、无能呀，因为这个"1"里面包含着孩子的不情愿和责怪。是孩子的错吗？不尽然吧。

我们且看看这样一件事，日本某公司招聘员工有个"硬件"，看这个人是否为母亲洗过脚。该公司认为：一个没有孝心的人，很难在工作中尽职尽责。而长期以来，我们一直在强调对孩子智力的培养，忽略了对孩子情商、人格的塑造。现在的很多孩子只会"被爱"，而不会"去爱"了，这是什么原因造成的呢？我们能一味地去谴责孩子的不孝吗？孩子是一张白纸，家庭、社会在这张白纸上涂画不同的图案。从这件"吃虾"事件中，我们应该反思的是：家长的教育、学校的教育、社会的影响与评价，是不是有缺失的地方呢？

所以，我觉得，作为母亲，作为家长，作为孩子人生路上的第一位老师，当孩子责问你"为何吃掉最后一只虾"时，你首先应该自问一下，为什么孩子会这样自私？我们在教育中缺少了什么？该怎样努力教育好孩子？在注重开发孩子的智力的同时，是不是也要让他明白什么是美德，什么是孝心，什么是爱!？母亲啊，你不能只是唰唰地流泪，孩子这样的表现，你不感觉你是一个失败的教育者吗？

陈徐懿同学的这篇作文，首段运用记叙，叙述了报纸上刊载的一个故事。第二段和第三段主要针对文中所描述的现象进行了评论，表达了自己的看法，运用的是议论这一表达方式。第四段又转入记叙，叙写了日本某公司的招聘条件。之后继续转入议论，由此把父母对孩子的过度关爱与孩子自私的行为进行了议论分析，从家庭教育、学校教育、社会教育，尤其是父母作为教育主体——孩子人生路上的第一位老师，在孩子成长过程中某些重要方面的教育缺失进行了思考。结尾的诘问更是直击问题，尖锐犀利，表达了自己的观点。

短短的一篇作文，在以议论为主要表达方式的基础上，兼用记叙。两种表达之间转换灵活，没有生硬突兀之感。多变的表达方式使得议论有事例支撑，叙述又不是在单单讲故事，而是在为议论服务。整篇文章读起来多了几分变化，去了几丝单调，具有一定的思考深度。

（三）兼用要用得巧妙含蓄

巧，就是选用角度好，表达方式用得妙，就是不露声色，使读者在春雨润物般的阅读过程中，不知不觉把握到文章的意蕴，体会到作者的情感，而后会心一笑、恍然大悟，了然于胸的豁然与作者有意安排的巧然合二为一。这种情况在抒情文中出现较多。直接抒情常一泻而下，不加掩饰，但通常更多的抒情是通过作者笔下的人、事、物、景加以抒发。作者或记叙重点，或议论加持，或描摹物象，有意安排情感的"草蛇灰线，马迹蛛丝，隐于不言，细入无间"，为读者留下思考回味的空间。

刘兵先生写的《死海不死》一文，插入了这样一个故事：

"传说大约两千年前，罗马统帅狄杜进兵耶路撒冷，攻到死海岸边，下令处决俘虏来的奴隶。奴隶们被投入死海，并没有沉到水里淹死，却被波浪送回岸边。狄杜勃然大怒，再次下令将俘虏扔进海里，但是奴隶们依旧安然无恙。狄杜大惊失色，以为奴隶们受神灵保佑，屡淹不死，只好下令将他们全部释放。"

接下来作者写道：

"那么，死海海水的浮力为什么这样大呢？因为海水的咸度很高。据统计，死海水里含有多种矿物质：一百三十五亿四千六百万吨氯化钠（食盐）；有六十三亿七千万吨氯化钙；有二十亿吨氯化钾；另外还有溴、锶等。把各种盐类加在一起，占死海全部海水的百分之二十三至二十五。这样，就使海水的密度大于人体的密度，无怪乎人一到海里就自然漂起来，沉不下去。"

在行文中间，作者讲述了一个传说，这似乎是散漫闲来之笔，与文章所要说明的"死海不死"的事理关系不大，可事实上，作者恰恰是通过这个故事，说明了死海的浮力之大。具体的原因在下个自然段，通过列数字的说明方法，进行了详细翔实的介绍。《死海不死》是一篇说明文，在说明过程中，却运用记叙的表达方式讲述了一个传说，说明与记叙两种表达方式的巧妙结合，不仅使得读者通过阅读故事，轻松愉悦地明白了作者所要说明的事理，更增加了阅读的知识性、趣味性，加深了对文章的理解。

二、进行语言表达还要不断锤炼语言

文从字顺是锤炼语言表达的基本要求，指在行文时语言表达清楚明白，通顺流畅。当然，这是基于思想的明白、清晰、通达的基础之上的。如果文章的"思想不通"，一下笔进行表达就遇到了拦路虎，文从字顺根本难以实现。所以，作文时，思想先"通"，事理先"明"，是进行文从字顺表达的前提。

（一）要表达准确

准确指的是按照作文题目要求，选择恰当的词语、句式、语气等，使语言表达符合特定的情境、事理、逻辑，更好地实现表达目的。

"父亲弓腰在田里忙碌，七月的骄阳浸湿了他的汗衫，衣服已经湿漉漉地贴在身上，父亲看上去越发瘦小了，我的眼泪首当其冲地流了下来。"

这里，首先是词语搭配不当，"骄阳"不能浸湿"衣衫"；其次对成语"首当其冲"的含义理解不深，造成误用。

（二）要前后连贯

语言连贯性的要求来自客观事物的规律性。语言是人类反映认识客观世界的一种工具，外在世界的客观性、规律性、必然性，决定了使用语言进行表达时需要考虑到句子前后联系的紧密性、衔接性、逻辑性。

注意叙述话题的前后统一是连贯性的前提。一个句子有一个句子的核心，一个段落有一个段落的重点，一篇文章有一篇文章的中心。与句、段、篇对应的"核心""重点""中心"，都要求围绕一个共同话题，不能意由兴起，随性而为，导致下笔千言，离题万里。

来看一个作文片段：

"星期天上午 10 点多，奶奶看我作业写完后在客厅闲转，就让我跟她学做笋瓜菜盒。

"那可是我最爱吃的了。一说起这个，我就馋嘴不已。薄薄的面皮里，包裹着细细的笋瓜丝和打散的鸡蛋，烙出的菜盒面香自然，菜味清新，是最自然最有机的上佳食物。虽然我很爱吃，可怎么做的我还真是不知道。今天就趁着有时间学做一下，也能过过笋瓜菜盒的瘾，何乐而不为？

"这时爸爸从外面回来了，手中提着我吵嚷了几个星期要他买的《天龙八部》，我兴奋得跳了起来，急忙拆开包装，拿出第一部坐在沙发上看了起来。"

这篇作文的题目是《学做笋瓜菜盒》。从上面举出的前三个自然段来看，段落之间的连贯性不强。尤其是第二和第三自然段，段落的话题变化了，第三段与上一段的中心意思发生了偏离，脱开了学做笋瓜菜盒这一主题，前后的连接既不紧密，也不妥帖。虽然在作者后来的叙述中，直到等到奶奶再次呼叫，自己应答后去学做了南瓜饼，不过从文章整体来看，前后的连贯性不强。

　　围绕一个话题进行陈述时，尤其是通过一个段落进行陈述时，要前后统一，顺序合理。沐绍良、方健明所著《写作指引》一书在《"段"的内容》一节中写道："每段文章含义的统一，不能随便破坏，如果一旦破坏，即使文章不出毛病，也必定大大的减色了。要保持每段文章含义的统一，须注意下列各点：（一）不要把许多意义重要的文句，放在同一个'段'里；（二）与中心意义有关的附属句，应该有组织地写在一起；（三）与中心意义相反的文句，在必要时可以写在同一个段里，但必须注意'段'的矛盾的'统一'，不能破坏；（四）与中心意义没有关系的文句，不要勉强羼入；（五）写作时应始终记住这一段的中心意义，切不可游离原来的要点而让它作盲目的发展。"① 两位作者为大家在进行段落写作时，如何保持一个段落统一的中心意义，提供了具体详细的方法指导。

　　来看另一个例段：

　　"徽菜发端于南宋，兴盛于清代，如今更是享誉海内外。徽菜地方色彩鲜明，文化底蕴深厚，具有三大特色。一是就地取材，讲求新鲜。徽州地处山区，林木葱茏，溪流遍布，盛产山珍野味、河鲜家禽，为徽菜制作提供了丰富多样、四时常鲜的食材。二是精于烧炖，讲究火功。常以木材为燃料，或柴火急烧，或树块缓烧，充分呈现食材的特点。加以木炭火单炖，原锅上桌，可以最大程度地保持汤汁的鲜美。清炖是烹制徽菜的另一种重要方法，习用火腿佐味，汤色清白，香气浓郁。红烧是烹制徽菜的主要方法，多用酱油着色，色泽油亮，味道浓

---

① 沐绍良，方健明. 写作指引［M］. 郑州：文心出版社，2019：112.

厚。三是秉承传统，注重养生。徽菜在发展过程中秉承'医食同源、药食并重'的传统，原料的选择和搭配都十分讲究。比如，多用具有药效的野菜入食，就体现了传统的滋补养生之道。"

上面所列段落首句总领叙述，然后分别叙写，从徽菜的就地取材、烧炖制作到养生传统，逻辑顺序严密，前后衔接有序，话题前后统一，语意连贯完整，读来一目了然。

语言连贯还少不了要衔接自然。常见的运用提示语、暗示语、关键词、过渡句，或者恰当使用关联词语，都可以使句子自然衔接，过渡巧妙。

由句成段，组段成篇。一篇文章的构成，段落是支撑；同样，一篇文章的语言连贯，段落是机杼。著名教育家张志公先生对段落表达的至关重要性做了精准阐释：

"在语言表达中，段落是极关重要的。无论是说或者写，一串连贯的句子构成的一段话，是一篇讲话或一篇文章的组成部分。一段是一篇的具体而微。无论记叙什么事，描叙什么人物景象，无论要说点什么道理，发点什么议论，都是一段一段地说，一段一段地写，一段说一个方面或者一层意思，需要说的几个方面都说到了，需要说的几个层次都说透彻了，这篇话或这篇文章就完成了。一段说的既是一个方面或者一个层次，它就必须有个明确的中心，必须对这个中心加以充实，发挥，阐明，论证。这段话要有头有尾，需要数字的有数字，需要事例的有事例，需要根据的有根据，需要证明的有证明：麻雀虽小，五脏俱全。一句跟着一句地说，要合乎逻辑，合乎习惯，恰当得体。该说的都说到，没有重要遗漏；不必说的就不说，不枝蔓。孤立的一个句子有时候很难断定它语法上是否正确，修辞上是否妥帖。连贯的一段话，正误优劣以至趣味风格都显示清楚了。几乎可以断言，能够写好一段，一定能写好一篇，反之，连一段话都说不利落，一整篇就必然更加夹缠不清了。"①

因此，积极进行段落写作练习，能有效提升语言表达连贯性的水平。

由此可以看出，作文时要注意前后句子、段落在主要意思上要有关联，承接转折要合乎事理，易说，易听，易读。语言时断时续，人称变来换去，读来拗口含混，还有不必要的赘言陈语，不恰当的词语搭配，不顺畅的表达语序，都会影响到表达的文通字顺。写之前打个腹稿，写作中一气呵成，写完读上几遍，在一定程度上可以有效避免文不通字不顺的问题。

怎样才算达到了文从字顺？叶圣陶先生说："一篇文章怎样才算得'通'？'词'使用得适合，'篇章'组织得调顺，便是'通'。反过来，'词'使用得乖谬，'篇章'组织得错乱，便是'不通'。从一般人讲，只用这么平淡的两句话就够了。这样的'通'没有骄傲的文人所说的那样博大高深，所以是不论何人都可能达到的，并且是必须达到的。"②

（三）要语言简明

简明就是简要明白。作文时，语言叙述要精练简洁，不重

---

① 语文（八年级上册）[M]. 北京：人民教育出版社，2017：93.
② 叶圣陶. 作文论 [M]. 郑州：文心出版社，2019：77.

复啰唆，同时表达的意思要清楚明了，不引起歧义，不产生误解。

要想语言简明，写作时一要紧扣中心，做到不枝不蔓。二要避免啰唆重复，除非是为了特殊的表达需要。

来看两个例句：

"社会大众有时容易追逐流行，而流行也常常扮出一副时髦和新潮的模样，洋洋得意地在大街上招摇过市，引来大众关注侧目。"

"招摇过市"即是在"大街上"，读起来就有些重复啰唆。

"这篇作文记叙了七年级组拔河比赛六班和三班比赛过程中，六班、三班各先赢一局，在决赛局六班使出浑身解数、改变策略，终于赢得比赛的事情。"

这样的叙述犯了"大肚子病"，句子主干成分隔离太远，不利于读者把握重点。

高水平的简洁表达不是立竿见影能够实现的。对于中学生来说，写完后认真改一改，可以使语言表达更简洁凝练。

鲁迅先生在《答北斗杂志社问——创作要怎样才会好？》中说："写完后至少看两遍，竭力将可有可无的字、句、段删去，毫不可惜。"①

欧阳修作《醉翁亭记》，最初用了二十多个字描述滁州四面有山的情景，最后改成"环滁皆山也"五字，改后的精妙简洁为世人称颂。

---

① 鲁迅. 答北斗杂志社问——创作要怎样才会好？［M］//鲁迅全集：第4卷. 北京：人民文学出版社，2005：373.

（四）要朴实自然

一味追求朦胧，用语花里胡哨，故意堆砌词语，滥用不当修辞，都会降低语言的简明度。运用华丽辞藻，看似把文章表面打扮得富丽堂皇，可读起来似觉"乱花渐欲迷人眼"，难以明白写作者要表达的核心。

"黎明的一刹那，有一种淡淡纯纯的感觉，像是小提琴清澈而空灵无任何伴奏的绝妙。我从心底认为那一刹那的声音就是天使降临的声音。那一刹那，微微泛红的风，犹如已经褪色的古老的红墙，而淡淡的夜色，犹如轮廓刚刚呈现的瓦棱。整一瞬间，仿佛就是一座红墙青瓦，散发着檀香味道的庭院，安静、沉香。"

这是《黎明的一刹那》中的一段话。单从句子或词语看，可以说是一幅美丽繁华的文字织锦；但是，当真正透过文字走向文章思想的深处，要想从文中觅得作者心中的真实所想及他所要传达出的情感，就有些困难，华丽的文字遮掩了作者想要表达的真实意思。

语言的表达除了要紧扣中心、避免重复、保持朴实自然之外，晦涩化、朦胧化的表达也与语言简明相背离。诸如："灵魂仍然在飞，想找到青葱的一片地，却找不到踪影。我憋了口气，踩下油门！一路向北！方向盘周围回转着我的后悔，我加速超越，荆棘在轮胎下碾作尘。我束手无策又无奈前行，我一路向北。"这样的语段在题为《一路向北》的文章里有好几段。展现在眼前的确实是汉字组成的语句与段落，但传达的思想却让人捉摸不透。读者不知道作者是说什么，不能感知到作者想要表达的所思所想。

对于华丽、晦涩的语言，有同学认为是富有文采。其实，这种浮华化、伪饰化的表达，在一定程度上折射出写作者情感表达需求与诉说愿望的不到位。这些不恰当的表面华丽与朦胧，从某种层面上反映出写作者情感感知的钝化及情感丰富性的弱化，写作者独特的心灵体验与情感体验，变得较为虚弱而单薄，他丧失了在文中真实表达自我情感及流露真情心声的能力，将自我抽离出来，游离于文字之外，似在跳着文字的舞蹈，而忽视了通过语言文字抒发情感、彰显态度、表现取向的人文性。透过这样的文字，我们看不到作者的真实思想，看不到他对生活的深入理解，看不到他对人生的独特思考。因而，无论怎样地讲究修辞，讲究文采，也难掩文章的肤浅、苍白。

因此，语言简明的重要性不仅仅体现在作为工具性交流与表达的文字层面，还体现写作者的思想深度与情感厚度，渗透着写作者的人文情怀。

如果能够在表达准确、鲜明、朴实的基础之上，通过恰当用词、使用修辞、灵活选用句式等手法，使得塑造的形象或笔下的事物具体鲜活、栩栩如生，表达的生动性就达到了，文章的可读性、可感性也会大大增加。

（五）还要注意文明表达与得体表达

写作水平的高低不仅能反映一个人运用语言文字水平的高低，也能体现出一个人的价值观念、风格品格、审美倾向的不同。尤其是在书面表达时，不管是记人叙事、摹景状物、言志达意、提出主张，主要还是为了与人交流。因此，在写作时，文明得体，表达到位，能够提升交流的水平，更好地达到写作目的。

得体表达指的是，作文时要对表达的时间、场合、话题、对象、语体、敬辞、谦辞等加以注意，使得笔下用语符合特定的语言外部环境与内部环境，正面积极良好地达到表达的目的。

在王增藩所著的《苏步青传》一书中，叙述了这样一件事：

一日，著名数学家、复旦大学教授苏步青收到一封信函，其外观精美，在收件人"苏步青"后写上了"谨启"二字。苏教授一看到这个"谨"字就生气了。怎么能对收件人指手画脚，让人家恭恭敬敬、小心翼翼地开封呢？

苏步青本来想不拆开，直接就将这封信退回去。但为了弄清写信人的身份，他还是拆开了这封信。原来信里面是一位大学讲师寄来的一篇论文，他想请苏老审阅论文，提提高见。苏教授没有细看内容，便决定立即原封退回，并写了一张回条。回条写得很诙谐。大意是：收到你的信，我不敢看。因为我这个人太随便，不"谨"严，保密观念差，看了对你没好处，还是你自己拿主意吧。

"谨"，《辞源》释为"谨慎""防止""恭敬"。因有"恭敬"意义，常用作谦辞，譬如，"谨受教""谨祝""谨呈"等。信封上的"谨启"用在位尊之人，有冒犯之嫌，显得礼节不周，尊重不够，致使收信人产生了不愉悦的收信感觉，写信人的目的也没有达到。

在感谢、致辞、邀约、倡议、号召类的实用文体写作中，尤其要注意表达的得体。因此，明确写作目的，认清读者对象，注意对应场合，区分不同文体，使用礼貌用语等，都应该统筹考虑、讲究分寸，针对内容特点，进行得体表达。

实现语言表达的文从字顺、简要明白、有机连贯、文明得体的目标，并非朝夕之功，不要急于一蹴而就，需要长期坚持练习。只要多读多写、多思多改，渐渐地，就能够有效表达、得体表达。在实现得体表达的目标之后，努力向着有个性、有创意的更高阶段迈进，朝着自主写作、自由表达的更高台阶攀登，真正体会写作带来的快乐感、成就感，获得写作赋予的超乎物质满足以外的精神惬意与精神自由。至此，在语言文字的记录、论断、描写、抒情等工具功能之外，写作带来的语文核心素养、思想道德素养、科学人文素养等方面的提升，使得人生的境界更为清雅高格，心灵的格局更为宏阔远大，语文的工具性和人文性得到了和谐统一。

第十二讲　文体意识

　　文体，是指文章的体裁。作文时，交流的目的不同，表达的主旨不同，在不同的情境下文章发挥着不同的作用，写作时自然内容和形式就有所不同，长此以往，日渐积累，各种各样的文体便产生了。

　　文体常常从文学角度而言。

　　从中国文学的发展历史看，较早地分辨文体的个人论著应是萧统《文选》和刘勰的《文心雕龙》。《文选》把书内所选的作品分为赋、诗、骚、七、诏、册、令、教、策等三十八类；其中，又把赋类细分为十五小类，诗类细分为十三小类。《文心雕龙》关于文体的论述集中在第二卷至第五卷，每卷分论五种文体，计二十类；其中，第二卷、第三卷侧重论述重辞藻声韵的"文"，第四卷、第五卷侧重论述朴实无华的"笔"。这两部作品都是骈文派的代表性著作。与骈文相对应的另一派别散文，在经过"古文运动"后，到宋朝渐趋成为主流与正统。在散文一派中，清朝桐城派姚鼐撰有《古文辞类纂》一书，书中把文章分为十三类，分别为论辩、序跋、奏议、书说、赠序、诏令、传状、碑记、杂记、箴铭、颂赞、辞赋、哀祭。这部著作非常重要，其对文体的分类对后世影响深远，后人或以《古文辞类纂》为基础，稍加类别；或从《古文辞类纂》类目，在大类下增添补充较为详细的子目；或对《古文辞类纂》类别稍加合并，增加总纲。大体来说，还是在《古文辞类纂》分类的文体之内。这是我国文言文中的文体分类。

新文化运动尤其是五四运动以后，受欧美文学影响，来自西方的文体分类法逐渐为人们所熟悉并运用，诗歌、小说、戏剧、散文等成为了文学作品的基本体裁。

叶圣陶先生在《作文论》一书中，对文体问题进行了专章说明：

文体（节选）

叶圣陶

写作文字，因所写的材料与要写作的标的不同，就有体制的问题。文字的体制，自来有许多分类的方法。……

分类有三端必须注意的：一要包举，二要对等，三要正确。包举是要所分各类能够包含该事物的全部分，没有遗漏；对等是要所分各类性质上彼此平等，决不能以此涵彼；正确是要所分各类有互排性，决不能彼此含混。其次须知道要把文字分类，当从作者方面着想，就是看作者所写的材料与要写作的标的是什么，讨究作文，尤其应当如此。我们知道论辩文是说出作者的见解，而序跋文也无非说出作者对于某书的见解，则二者不必判分了。又知道颂赞文是倾致作者的情感，而哀祭文也无非倾致作者对于死者的情感，则二者可以合并了。我们要找到几个本质上的因素，才可确切地定下文字的类别。

要实现上面这企图，可分文字为叙述、议论、抒情三类。

这三类所写的材料不同，要写作的标的不同，既可包举一切的文字，又复彼此平等，不相含混，所以可认为本质上的因素。叙述文的材料是客观的事物（有的虽也出自虚构，如陶潜的《桃花源记》之类，但篇中人、物、事实所处的地位实与实有的客观的无异），写作的标的在于传述。议论文的材料是作者的见解，写作的标的在于表示。抒情文的材料是作者的情感，写作的标的在于发抒。

　　要指定某文属某类，须从它的总旨看。若从一篇的各部分看，则又往往见得一篇而兼具数类的性质。在叙述文里，常有记录人家的言谈的，有时这部分就是议论。在议论文里，常有列举事实作例证的，这等部分就是叙述。在抒情文里，因情感不可无所附丽，常要借述说或推断以达情，这就含有叙述或议论的因素了。像这样参伍错综的情形是常例，一篇纯粹是叙述、议论或抒情的却很少。但只要看全篇的总旨，它的属类立刻可以确定。虽然所记录的人家的言谈是议论，而作者只欲传述这番议论，所以是叙述文。虽然列举许多事实是叙述，而作者却欲借此表示他的见解，所以是议论文。虽然述说事物、推断义理是叙述与议论，而作者却欲因以发抒他的情感，所以是抒情文。①

　　虽然同学们在作文训练时经常遇到的文体，与叶圣陶先生的文体分类并非完全对应，但还是有着很紧密的联系。大家常写记叙文、说明文、议论文，还有一些应用文，不是严格意义上的文体，是为了便于教学，从习作入手，为学写作文而做的

———————

① 叶圣陶. 作文论 [M]. 郑州：文心出版社，2019：22-24.

一种区分。所以，大家作文时仍然需要具有文体意识，写作时根据文章需要选择体裁的具体类型和样式。

《文体明辨·序》中说："夫文章之有体裁，犹如宫室之有制度，器皿之有法式也。"明代陈洪谟也说："文莫先于辨体，体正而后意以经之，气以贯之，辞以饰之。体者，文之干也；意者，文之帅也；气者，文之翼也；辞者，文之华也。"作文时先"辨体"，后"明体"，"明体"后，根据文章内容的特点及作者再现客观事物或表现主观情意的具体方式，选择运用哪种文体即"择体"。可以看出，文体是文章内容和形式的有机统一。

文体训练是有着阶梯性的。

一般从记叙文开始，学习记叙一件事或记述一个人。记事时会提出记真事、写清楚"六要素"、写出事件的波澜等要求。写人时会强调，抓住人物特点，通过事情写人，安排好详略，抓住典型细节，运用对比、烘托、正面描写与侧面描写相结合等写作手法，写出人物的个性和精神。还要学会进行形象表达，塑造典型、生动的形象。记叙文结构上要曲折多变，富有悬念，进行波澜起伏的情节设计，讲究内在意蕴的含蓄委婉，回味无穷，绵长悠远，能够起到跌宕有致、引人入胜的阅读效果，使读者如临其境，如见其人。

描摹景物时要注意抓住景物的特征、色彩、声音等，运用多种感官感受，融入写作主体的情感力量；同时要学会运用仰视、俯视不同视角，结合近观、远望不同立足点的变化，进行静动形态结合等多层次描写，写出景物的鲜活性、独特性，以感染读者，抒发情感。

写说明文时，要重在通过实实在在的表达与平实平直的叙述，使读者学到知识，明白物理、事理。作文过程中要重点写出说明对象的独特之处，善于在观察和比较中进行说明，善于抓住说明对象的特征、特性、特点。要通过举例子、下定义、列表格、作比较等说明手法，增强知识性、科学性；要安排恰当的时间、空间、逻辑说明顺序，做到说明条理清楚等；还要通过引用资料、穿插传说，运用多种修辞手法，生动形象地说明事物，增强文章的可读性、趣味性。

作议论文时，要观点鲜明、集中，不能和稀泥，做老好人，态度不明，立场不坚。作为论据的材料要真实准确，紧紧围绕中心论点，具有针对性和适用性。议论要证据确凿，言之有据；会做辩证分析，论证合乎逻辑；选择恰当的论证方法，合理安排论证结构等。注意不同论据的使用方法，对事实论据一般不做详细描写，仅需要通过概括叙述起到支撑论点的作用。语言表达要切中肯綮，一针见血；整体上要做到有理有据与有条有理地论述。

札记、演讲、散文、寓言故事、科学小品文、自然科学小论文、社会生活评论等其他文章，也可大致对应划分到记叙文、说明文、议论文的阵列。

从上述简单对三类作文常见的知识点与训练点的梳理可以看出，记叙文、说明文、议论文的写作，在内容、结构、表达方式、语体等方面有着明确的区分性，每一类文体都具有鲜明的文体特征。

虽然记叙文、说明文、议论文不是文学意义上的体裁，但因着长期语文与作文教育教学的运用，加之同学们长期写作练习中已经形成的划分习惯，我们仍然从这个角度谈谈中学生作文中应有的文体意识。

一是要树立文体意识。

通常，在基础教育阶段，作文是按照记叙文、说明文、议论文三大类开展训练的。大家对于这三类文体的基本写作要求，还是基本掌握的。在日常作文练习或考场作文中，有时会不限文体。譬如，话题作文或材料作文，会在围绕一个话题或给出一段材料的基础上，提出不限文体的要求。需要掌握的是，不限文体不是写作时不进行文体选择，行文时不是不需要遵守每一类文体的基本规范，而是说针对所给出的话题或材料，自拟题目，自选文体。或以记叙为主，或以议论为要，或采取书信格式，或选取诗歌表达，不管选用哪一种文体，都要既符合命题者的初衷，又要最适合自己想要表达的主要意思。在这个维度上，自己擅长什么文体就选择什么文体，这是对文体不限含义的正确理解。选定了文体后，在写作时就要严格遵守某类文体的基本规范，不能不伦不类、非驴非马，写成个"四不像"。

二是要明确写作目的。

从写作主体看，目的明确了，文章的中心也就明确了，写作时就会实实在在为读者着想，把自己想表达的与读者想了解的统一起来。从接受主体看，写作目的明确能使读者快速、正确地捕捉到作者传达出来的信息知识、情怀志意，加深对文章的理解和升华。如此，写作交流传播的功能也就实现了。

　　三是掌握不同文体的特点。

　　对不同文体的内在内容表达与外在表现形式要深入理解掌握，要着重从内容、结构、表达方式、语体等方面加以区分。比如，散文，在内容上，注重纪实性，题材最为广阔博大，谈天说地、评古论今，重大时事、个人感怀，自然物象、人世百态，风物名志，多元文化，等等，可以选择的内容不可言尽。在表达上，可以较好体现作者的个性，形成五彩斑斓的多样风格。在视角上，常以小见大，由微入广。在情感上，常浓烈真挚，字字含情，意在境中，情真意切。在结构上，舒卷自由，长短不拘。在章法上，注重线索设置与文脉铺设，过渡照应自然贴切。读者读来也觉舒畅亲切、意象丰富，宛如移步林苑，疏影深浅，浓淡相宜，各有去处，别开生面。看到这类文章，读者能够体验散文审美阅读带来的美感体验。如果选择散文，就可以借鉴如上所述散文在内容、表达、情感、章法方面的特点进行作文。

　　为了进一步增强对文体的区分度，平常要增强训练的自觉性，写作时遵守不同文体的不同准则与基本要求。还可以借助课本，仔细研读每个单元选择的范文，学习单独一篇文本在文体方面的突出特色，增进文体方面的知识储备，逐步提升辨别、理解、掌握不同文体的水平和能力。当然也离不开经常性的、有针对性的练习，日积月累、久久为之，渐渐增强不同文体语言表达的适度、深度、力度。通过循序渐进、按部就班的训练，文体的意识有了，不同文体的特点掌握了，又进行了经常性的练习巩固，在进行限定时间的课堂作文或考场作文时，一旦确定了选择的文体，写起来也就自如了。

第十三讲　健康文风

　　文风，从狭义的概念层面讲，是作者在运用语言文字进行表述时的作风或风格。从更广阔的意义上说，文风甚至能够体现一个时代的特色。所谓的"齐梁文风"与"盛唐气象"，都反映着不同历史时期的文学思想与创作特征。唐朝作为中国文学史最璀璨绚丽的华章，正是在对"齐梁文风"一部分作家过于追求形式上的浮华藻丽、内容上的贫乏低下的扬弃当中发展起来的。摒弃六朝文学片面追求形式美的缺点，把丰富的内容与华美的文采有机结合起来，涤荡浮华、轻险之弊，缔造刚健、清新之风，内容与形式完美统一，文学与时代相得益彰。"盛唐气象"尤其是诗歌中体现出的文风特点——充实的社会内容、真挚浓烈的感情、自然流畅的表达、活泼自由的精神等，使得唐诗成为中国文学史上不可逾越的巅峰。一种前所未有的新文学、新文风、新气象诞生了，"盛唐气象"对后世文学创作产生了极为广泛的影响。

　　一个时代文学的繁荣发展需要有健康良好文风的倡导和引领。同样，单篇文章的写作也需要倡导和培养健康良好的文风。

　　对于处于基础教育阶段的中学生来说，写作还基本停留在练习提高阶段，说文风与风格似乎显得为时尚早。但是，作为社会一员，浸润其中、潜移默化，容易受到社会上不良文风的影响，甚至有时会冲淡奠定良好文风的根基。

通过对学生作文的分析，目前中学生作文中常见的不良文风主要有虚假、空泛、做作等。养成健康文风，就要克服这些毛病。

一、远离虚假

虚假大体表现为情感失实，材料失真。

当前，中学生作文中存在一种较为强烈的个人化写作倾向，这种倾向常距离自身真实生活与情感体验较远，有些放大自身的喜怒哀乐，对社会较为冷漠，主体参与社会的热情出现逃遁与散佚，写作时常流于材料失实、情感失真。这就使得中学生无论是面对日常作文还是应试作文，常陷入这样尴尬的境地：在讨论社会问题，或面对应试作文中不得不与社会做亲密接触的文题时，就来了一次有意无意的情感背离，弄一些失实的材料，进行一番不合实际的胡编乱造，用伪装的成熟的思想喊上三句口号、两句高调，再来一段虚假的情感表达，最后在作文的结尾归纳升华出一个硬性附加的主题。这个主题乍一看来，是高深的、宏大的，但仔细品味，会发现这个主题的提升是刻意寻求、苦思冥想的，是绞尽脑汁硬性挖掘的，不是文意的自然延伸或文理顺理成章的收束，不是材料本身意蕴的呈现与情感的自然表达。这就使得文章出现了一个多余附加的尾巴，反而造成对文章中心的虚假演绎。

这时硬性附加的虚假演绎就显得牵强附会，它似要诉说

"我"的成熟，青春的思考，但是，突兀的、生硬的主题在此显得很臃肿，它与文中的叙述脱离了关系，成为悬浮在文章上头的尘埃，让人触摸不到文章本身由此及彼的内在本质联系，洋洋洒洒之后的突然定格、升华反而成为行文的阻力，瞬间凝铸的貌似精深的哲理使主题生硬不堪。这强行加上的大尾巴主题犹如一把横置的长剑，大大阻滞了行文的顺畅与自然，割裂了文章的整体性，使文章变成经由个人之手可以随意增删、改制的物品，违背了作文自身的规律。

空话、大话，假言、假语，是中学生作文中存在较多的一种现象。动辄"时代性""人生性"的苍茫流溢在作文中间，但这种宏大主题不是中学生用真心投入社会、用热情拥抱生活后在文中的自然反映，不是他们真切忧国忧民、吐胸中块垒的抒发，而成为完成特定作文需要遵循的一种写作模式，已变成一种形式主义。这并不能完全归咎于学生，它与作文教学中强调的主题归结与提升不无关系。传统语文教学中，归纳中心思想的固定模式似乎为学生作文提供了一种程序，同时又有模式固化的嫌疑。

造成这种现象的原因是多方面的：关注自我的情感世界较多，青睐用个人化的书写方式，与社会产生的疏离；加上一些老师教习作文过程中命题时对题材的某些限制；还有学生生活的丰富性、广阔性不足等。这些多重原因综合作用的结果，才使中学生在面对社会上纷繁的现象与种种事实进行言说时，不能做出来自真实生活的真诚言说与由衷表达，有时只得用口号与高调，来使作文的主题看上去显得深刻，而这种深刻却显得空话连篇。

　　与硬性主题附加相关的是作文中大主题的演绎。不少学生作文中常出现这样的字眼：人生、生命、历史、本质、哲学、终极关怀等宏大命题。其实，中学生对此类命题的关注如果不深究其所挖掘的力度，倒是值得喝彩的。可是，在细碎平凡的生活场景中，有时并不全孕育着这些宏大主题的关怀，响彻寰宇的并非都是不平凡的声响。实际上，在回归自然、追求本真的人的生活中，远离喧嚣与深沉，趋于平淡与充实，成为现代人真实的生命状态。在某种意义上说，如果不关注芸芸众生普通忙碌平淡中的真实生活场景与真情实感表达，而试图把世界上任何的景象都作形而上的提升与归纳时，文章已进入不真实、虚假的状态。当然，我们并不拒绝崇高与深刻，也就是说，并不拒绝中学生作文中所采取的这种叙事模式，或许，这种深刻的书写对于青春来说倒是幸运的，至少有关人类终极性的问题已进入了中学生的视野。一些优秀的中学生有了评判世界的理性眼光与观照社会的逻辑思维判断，是值得肯定的，但这必须是基于真实、典型、新颖的材料至上的，基于真实的感受与心灵震颤的基础之上的，不能仅为了思索而作秀，为了崇高而作假，强装出思考者的面孔。当把这拿捏的姿态变成文字时，读来就会显得情感失真、失实。

　　作为中学生，在理性思辨、分析批判、审美能力及心灵感悟还有待于扎根于生活、知识的沃土中继续吸取营养时，游离于真实体验之外会使作文甜美的汁液过早地散失殆尽。如果作文时不避矫饰虚假，不掩臆想断言，反而成为一种写作趋势或追求潮流，对健康文风的影响无疑令人担忧。实际上，那必须掌握的基础写作知识，艰苦的阅读，长久的生活、知识、情感文化积淀，不断练笔所获得的经验，才是写作必备的前提，也是提高作文水平的正途与坦道。

无论是对作文主题的坚硬升华，还是对大主题的演绎，对写作主体来说，文中真切而实在的主题都以显性或隐性的方式缺失了，写作者的内心感情逃逸了，"我"并不是真正要诉说"我"的理性思考，"我"的冷静判断，而只是在完成一项规定的任务。因而，写作材料真实性的欠缺，写作者真实内心情感的缺失，使得笔下作文流于形式化、概念化。这时的主题不是由自我心灵深处汩汩流出来的文字，它带着一种装腔作势的言说，充斥着不切实际的空话与大而无当的假话，进行着言不由衷的表达，背离了"自我"的精神状态，不是个体对社会的真实回应。作文，就这样恰恰缺席了最重要的真情实感。而有真意、表真情，才是写作文最重要的根基。

二、力去空泛

空泛主要表现为沉溺自我、浮华空洞。

当把注意力聚焦到中学生的写作中，去透视中学生作文中所呈现出的世态万象与心灵物语，可以发现文风空泛并非个案。在一些作文中，一边是极尽情态的心绪描写，一边是堆砌的情感表演与人生感悟，在牵强附会的拉拢与所谓触动心弦的沉思背后，稀疏了真诚的心灵剖白而沉溺于自我情感的诉说。于是，发现花的凋谢、水的流淌、大雁南飞、杜鹃鸣啼，就连悠悠白云及每日面对的朝阳暮日，都成了感痛伤心的源泉。目光走在字里行间，耳旁响起的是这样一种声音：那就是过度沉溺自我小天地，进行孤独的吟唱、哀伤的诉说、痛苦的呻吟。这个美好的世界投射在他们心灵的反光镜上，他们从中只瞥见丑陋和罪恶，只记录痛苦和磨难。七彩的阳光在他们眼里变成了黑色，心灵的幕布把他们的人生紧紧地遮藏在了自我小天地的那方舞台上，于是，纯粹的、极端的又反常的"小我"的忧怨、低迷，异常明显地突兀在作文中。你听："秋风凄凄吹落这萧索的荒村，秋雨瑟瑟打落在贫瘠的土地，伤心的我在痛苦中前行。"应该说，孤独、忧郁、痛苦这些情感是人类共有的，是个体的人对外部世界触发心灵而引起的一种情感反应，这并不可怕。但是，如果时时刻刻把这些微不足道的、个人化的体验昭示为文字，并在文中大声呼喊，这就稍显不合时宜。况且，除却诸如此类的感受，生命中那种欢畅、愉悦、美好、热情的感情要远远丰富得多。哲人、圣者与普通人的情感体验并无一致，但是，在通过表面文字彰显出来的文风上，他们绝不是不厌其烦、大张旗鼓地张扬这种体验。鲁迅、陀思妥耶夫斯基、马克思的孤独与忧伤，是他们表述内心、思索人生、探问宇宙时的困惑，是在对人类命运审视之后的忧虑，是满眼熙攘喧闹的人群而找不到对话者的感叹。这与其说是自我的内心体验，不如说是他们博大深远的精神追求与人生选择的一种方式。

孤独、忧郁、低沉的自我人生体验是人类共有的，人既然作为一个独立的个体存在于世，那他的这种个体化情感的产生就是不可避免的，但不能因此把它世俗化、伪情化。如果这个世界上每一个个体都一味沉溺自我，表达孤独忧伤的情感体验，其中就有可能掺杂着矫饰的声音。面对日常生活的琐碎与平淡，学习生活的紧张与沉重，成长历程中的困惑与烦恼，心态上的不稳定及偶然的感触肯定是有的。但是，一颦一笑，一蹙一眉，春花秋月，家长的不理解，学友的误会都成为心绪波动产生的根源，于是伤心得泪如泉涌也罢，憔悴得弱不禁风也罢，把自身摒弃在时代洪流之外，踽踽独行于社会人生，这种外露的标签式的独白反而越发显出表达的肤浅苍白。

作为中学生，初涉人生，体验成长的感觉，一种青春期特有的躁动与不安，还有浮躁现实对心灵的冲击，使他们产生了疑惑，经历了烦恼，这是必然的，可孤独与消沉、忧郁与低调不应是青春少年的咏叹曲与主旋律，他们更应该奏出高亢激昂的生命之歌。

作为第二届"全球华人少年美文写作征文大赛"的评委，作家韩小蕙在赛事结束后说："通过这些文字，我总感觉现在的孩子们不快乐，情绪非常悲观，文章基调比较灰，对未来灰心丧气。"而余秋雨则说："我希望孩子们写出来的文章要有一种温度，这种温度可以温暖你我的心灵，让我们读后感觉是温暖而不是空洞和冰冷。"余秋雨和韩小蕙如此说，是他们在评比中阅读了大量征文后获得的一种感受。这说明，在中学生的写作中，缺少具体内容支撑，缺少自我健康、积极、乐观的思想作为基石，写作主体的热情被屏蔽，情感体验又流于表面，抒情与表达就显得空泛浮夸，作文就会显得那么虚无缥缈又缺乏意义。

这种倾向的出现是多种因素相互作用的结果，主要还与中学生的年龄特点有很大关联：融入社会的时间、热情与活力不足，独立自主的精神追求缺少，理想与信仰还不成熟，直面人生、正视苦难的勇气还需历练，用铁肩担起道义还需要一段成长之路来支撑，在一定程度上，这就使他们的写作显得有些"飘"，显得"空"，带着"虚"，伴着"泛"。这是可以理解的。伴随着他们人生阅历、知识积淀的丰富，价值观念、思想行为的成熟，尤其是通过下功夫、花力气搜集材料，核实材料，积累知识、思想、情感，不待时日，写作，于他们而言，也会成为一种高层次的精神活动，成为负载信仰、理想与信念的载体，成为立身用其言、以言述其志的高层次的心灵层面的需要。这时，空泛的毛病就会比较好地加以解决，笔下的作文也就会焕发出自带的魅力和光彩。

三、避免做作

做作经常表现为张扬失度，语言粗粝。

在中学生个人化写作的倾向与潮流中，在窃窃私语的自我小天地中，他们一方面感叹着日常烦琐的生活，忧伤着自己的忧伤，沉溺于篱笆围起来的那方圆之地；一方面又在极力张扬着自我个性，并把这种个性扯得变形，拉得夸张。这使得他们的文中出现了一种狂狷的情绪，一种自傲、自负的情结，一种尚不领悟真实生存状态和尚不理解生命价值的懵懂。具体在行文当中，表现之一是不厌其烦地罗列平实无奇的生活场景，这种过于泛化的叙述使记叙显得冗长而繁琐。表现之二是用情绪的流动、潜意识的思维状态代替行文的脉络与线索，使文章成了自我情绪的展览。用扯天漫地的遐思分割文章作为一个整体的特性，破坏了文理的严谨与缜密，文章显得杂乱零碎。表现之三是文风上浮华而空洞，语言做作，或用貌似高深的理论与故弄玄虚的言辞，或文白夹杂、自造新词。这对传统作文的写作起到了一定的颠覆冲击作用。因为这种个性的过度张扬已经变了形，透过他们变形或张扬的个性，看不到他们激扬文字、指点江山的豪迈，看不到挥斥方遒与书生意气。这种个性张扬的指向是自我的心灵，而太忽略于外部世界。于是，世界在他们眼里变得阴暗一团，人生的价值和意义被剥离了，他们看不到生活中的快乐和幸福，不留意身边所发生的社会热点问题，依然手握一支笔，自负和狂傲地挥洒着自以为是的才情。中国语文教育专家、全国中学语文教材的总编辑顾振彪在阅读了中学生写的文章后说："有一些作文过分地个性张扬，甚全是狂妄，这些本不是这个年纪特有的情绪。"

这种张扬、狂妄、自负的感觉，与青少年充满好奇、敢于创新、渴望成熟的心态有关。不过，这种个性的张扬一旦跨过了一定的界限，就会在一定程度上影响青少年的思想状态，使他们不能脚踏实地地汲取有益的知识作为营养，使得冷静批判与独立思考错过最佳的锻炼期，而变得有些愤世嫉俗。表现在文字运用上，就出现生吞活剥套用文言、半文半白，随意组造新名词等现象，而在一定程度上忽略了阅读积累和语感培养，对健康文风的培养是不利的。

从作文功用的角度来看，古人认为，写作是言志与发愤，是美刺与经世，是立言与不朽。而在中学生的个人化写作中，写作的功能与作用发生了质的变化。中学阶段是人生观、世界观初步形成的时期，也是人生最美好的时期。这时，面对漫漫的人生之路，会让人产生多少美丽的遐想。在这个阶段，个体意识开始形成，对人生命题有了探究的意识，对社会问题有了自我判断的标尺与评判的标准，而思想也开始呈现出独立的价值。从这个意义上说，中学生的写作应该有较为敏锐的观察，应以一个公民特有的责任感，对社会、对人生展开激情而富有责任的言说，支撑起大写的"人"的精神，把自我狭小的情感世界开辟得博大宽阔，在真善美的境界中铺写人生富有意义的篇章，从而使文章有较为大气的内涵，丰厚充实的内容，并融汇着理性的思索与批判，洋溢着人文主义的气息。而在作文时出现的虚假、空泛、做作的倾向，偏离了作文表达时应当有的要义，这不仅伤害了文章，也伤害了批判性思维的培养，写作者只能做一个不完整形态的"趴着的人"，而不能做站着的顶天立地的"精神巨人"。

南京师范大学附属中学特级教师王栋生老师说："学生写作个人化倾向日益严重，风花雪月还算是清雅的，更多的是写生活琐事的喜怒哀乐，内容低幼化，无病呻吟，简直成了中学生写作的一大通病。特别是近十年，学生不关注社会问题，即使不得不涉及时，也只会虚应故事地说几句套话，唱几声高调，这些，在高三应试作文中特别明显。学生在讨论社会问题时常常表现出与年龄不相称的'成熟'，把分析问题的过程简

化为简单的政治表态。而更让人不安的是许多学生失去了精神
追求，他们不具备发现幸福的能力，同样，他们也没有勇气正
视人类的苦难，他们对社会问题一无所知，他们对自己以外的
一切都能报以冷漠，有的学生到了高中毕业，仍然不能体会父
母的含辛茹苦……一言以蔽之：南辕北辙，高考重视写作，但
是学生的写作离我们的追求越来越远了。"① 这说明，很多中
学生作文缺乏具体实在内容，情感缺乏真诚投入，表达尚未形
成良好习惯，距离健康文风的养成还有一段距离。

鲁迅先生与叶圣陶先生都非常强调作文时"有真意"的重
要性。

作文要道

叶圣陶

文章怎么写？鲁迅先生有一篇《作文秘诀》，把怎么写文
章概括成四句话，总共 12 个字，就是"有真意，去粉饰，少
做作，勿卖弄"。这四句话，头一句"有真意"是最主要的。
你没有什么真要说值得说的意思，又何必徒劳呢？确乎有真
意，果真非写不可，还得注意后面的三句话，因为粉饰、做
作、卖弄，都是表达真意的挺可厌的障碍。

没有真意就没有必要作文，这个道理很简单。譬如写信，
如果没有什么事儿，没有非说不可的话，何必随便敷衍几句，
浪费四分或者八分邮票呢？信总是有话要说才写的，或者告诉
对方一些事儿，或者有什么问题向对方请教，跟对方商量。这

---

① 王栋生. 为了人的精神成长——谈"公民写作"［N］. 光明日报，2003-
12-11.

些就是"真意"。写小说跟写信好像是两码事，其实一个样。假如平时没有什么积蓄，没有从个人和社会方面深入体会到某些东西，提起笔来又没有强烈的兴趣，觉得非把某些东西告诉读者不可，那也无妨放下笔来，暂且不写小说。假如硬要写，那就像没事儿写敷衍信，徒然浪费四分或者八分邮票一样，未免有点儿无聊。

有了真意，要把文章写好，当然还得讲究点儿技巧。讲究技巧，最要紧的是选择最切当的语言，正确地把真意表达出来。鲁迅先生没有从正面说，只是提醒人们要"去粉饰，少做作，勿卖弄"，因为这三种毛病是最容易犯的。有的人以为讲究技巧就是追求这些东西，凭着这些所谓技巧，即使真意差点儿，也可以写出像样的文章来。我可不敢相信技巧能补救真意的想法，何况鲁迅先生所说的粉饰、做作、卖弄，根本上不是什么技巧。

我国的骈文讲究对仗，讲究词藻，讲究运用典故和成语，借那个来说这个，可以说集粉饰、做作、卖弄之大成。现在没有人写骈文了，可是骈文的这些毛病还有人犯，往往犯了不知道是毛病，甚至自以为得计。滥用形容语和形容句子就是一条，以为用得越多文章越漂亮。摆起架子来写文章又是一条，以为顺着一般人的表达习惯来写就不成其为文章，必得说些离奇古怪的话才行。不管有没有需要，在文章里塞进些滥俗的成语或者典故也是一条，以为非此不足以表现自己比别人高明。列举不尽，就此为止。总之，鲁迅先生的这四句话，到现在还着实有用。咱们把这四句话记在心里，经常用来提醒自己，对写作必然大有好处。

　　这四句话其实是作文的要道。当时有人写信给鲁迅先生，问作文有什么秘诀，所以他用了"秘诀"这个词儿，并不是说作文有什么"秘密"或者"神秘"的意思。①

　　怀着由衷期许与坚定信心，我相信，历经生活不断磨砺、丰富生活积淀与写作积累后，乐观、坚强、积极向上、不懈追求的中学生，会不断端正写作态度，积累材料，丰富体验，在他们的笔端流淌出融真情于平淡的叙述，发议论于真挚的抒情，表达自我于悠闲舒缓的诉说，于自自然然的书写中，作文的情、意、境全出矣。书写真意、真情、真诚，让作文成为成长轨迹的实录，心灵放飞的天空，化为自己思考社会、关注人生的舞台与背景，再融入自己的血液，让它成为完善自我、提升自我人格层次的内在需要。如此，在一篇篇洋溢着青春激情的文字背后，映出中学生鲜活的面容，养成健康良好的文风，开创出中学生作文新的写作天地。

① 叶圣陶. 叶圣陶教育文集［M］. 人民教育出版社，1994.

第十四讲　辞达行远

孔子说："辞达而已矣。"意思是说，在辞令使用上，要"达"，把主要意思表达得清楚明白，保持本色，不过分挑剔雕琢。孔子又说："言之无文，行之不远。"旨在强调，在使人明白的基础上，如果有些文采，不仅确有必要，而且能为文章增姿添彩。

就"达"与"文"的关系而言，"达"，是基本要求；"文"，是更高层次。写文章，首先要"辞达"，即本色表达、明白表达；如果再能增添一点文采，那是锦上添花，文便更可"行远"。

一、辞达：本色表达

对于中学生，我们首先要明白，进行本色表达是学习作文的基本要求。

（一）本色表达是基于文章作用的要求

按照梁启超先生的说法，"一文章的作用，在把自己的思想传达给别人"[1]。

---

[1]　梁启超. 中学以上作文教学法［M］. 郑州：文心出版社，2019：2.

先生又说：

"传达给别人，须有两条件：

"1. 所传达的，恰如自己所要说的。作文时，往往心中有要说的话，没有说出；有时心中本不打算说的话，也说出来了；有时将要说的话，说错了；这就是手与脑不能一致。作文要不多、不少、不错才好。

"2. 令读者恰恰理会得我的原意。文章不好，令读者如坠五里雾中，自己虽以为传达的不错，人家读了不能明了我的意思，或错会了我的意思，失去我的原意，乃至与原意相反。所以传达须使自己的意思，一点不含糊，一点不被误解。

"以上所说的，似乎很普通，但是很紧要。……孔子论文，只说了一个字，最简最好。他说'辞达而已'，'达'字下面加'而已'两字，是表明达字外再没有别的话说。本来文章不过是将自己的意思，传达给别人，能达便是文章。文章一部分是结构，一部分是修词，前者名文章结构学，后者名修词学。文章好不好，以及能感人与否，在乎修词。不过修词是要有天才，教员只能教学生做文章，不能教学生做好文章。孟子说得好：'大匠能予人以规矩，不能使人巧。'世间懂规矩而不能巧者有之，万万没有离规矩而能巧者。"①

看来，不能做到"辞达"，文章的作用根本就发挥不了，写作的功能、意义、价值也就无从谈起。

（二）本色表达是基于真实典型材料的要求

文章素材来自生活，真实的社会生活构成了材料的基本来

---

① 梁启超. 中学以上作文教学法［M］. 郑州：文心出版社，2019：3-4.

源。作文时，大家可能会有这样的体会，如果给定的题目与自己的生活经验较为接近，情景关联紧密，不仅能写的可供选择的内容较多，而且容易写出佳作。反之，对题目给出的写作范围不熟悉，就会抓耳挠腮，无从下笔；即使勉强成文，也是救场拼凑之作。这就是因为好的作文题目与自己真实的、熟悉的生活相互呼应，与自己平常关心、留意的现象存有关联，是自己的所见所知所闻，写起来就会笔下有内容，自然驾轻就熟、游刃有余。这也是平常作文时，老师要求大家写自己最熟悉的东西的原因。

（三）本色表达是基于表达内在心灵的要求

我们提笔写文，常常是外在客观事物引发了情感冲击波，心灵产出震动和感应，生发出或悲或喜、或忧或乐的情绪，想要进行表达。这就是"情动于中而形于言"。因这情感是自己的思想和感受，具有唯一性。只要把这"自我"的亲身体验写出来，读者不仅会对作者的内心想法有所领悟，而且会感同身受，产生共情、同心、同理的理解。这里看似说的是内容表达情感，与本色表达好像关系不大，但实际上，只要稍微组织一下思路与结构，原汁原味地写出亲自尝受的体验、内心蕴藏已久的话，一篇本色表达、文从字顺的作文就完成了。这也是作文时，老师要求写最动情的内容的原因。

写自己最熟悉的、最动情的，不用夸饰、不加雕琢，就可以使文章的内容充实、情感真挚，就基本做到了本色表达。

来看一篇例文中的片段：

"那年的除夕夜，娘的病加重了，全家最担心的就是娘过不去这个年。全家人的任务就是趴在娘的床边，一见娘不好就大声呼唤。我是娘最小的孩子，娘给予我最多的慈爱和牵挂，我多叫叫娘，或许能留住她老人家，能多留一会儿是一会儿。

"炕烧得很热，娘平躺在炕头上，身下铺着两层褥子，上面压着厚厚的棉被，她始终一动不动，似乎对任何事物都失去了知觉，那张我极为熟悉又无比亲切的脸变得瘦削而陌生，双眼紧闭，呼吸时轻时重。只要娘的喘息一轻，我就凑到她的耳根下轻喊，直喊到娘有反应，或哼一声，或从眼角流出眼泪。娘一流泪我也陪着一起哭。坐在娘的身边，此时觉得外面很静，偶尔从远处传来零星的鞭炮声。父亲一直里里外外地跑来跑去，一刻儿不停，不知在忙些什么，好像丢了魂似的。当时我还小，家里的事没有我掺和的份儿，正好可以静静地守着娘。十几年来，无时无刻不受娘的照料，无法想象也不敢想象，没有娘该怎么过。

"家里人从近到远为娘请了好几位大夫，吃过了不少汤药，娘的病却不见起色。年前，我从大人的话语中听出娘的病治不好了。在这个为娘守岁的除夕夜里，我暗下决心要治好娘的病。我听大人们说大年三十晚上各种神仙都会下界来，在人间行走，谁如果在除夕夜半爬过一百个菜畦，无论什么要求神仙们都会满足的。我决定为娘爬这一百个菜畦，白天在北洼已经看好了，一百个菜畦只多不少。

"等到半夜，家家开始放鞭炮，我看娘呼吸平稳，趁机出了门，然后飞也似的向北洼跑去。想不到村里村外竟是阴阳两极，北洼黑漆漆的，风凄厉地刮着，令人毛骨悚然。找到了白天选好的菜畦，我闭上眼睛拼命向前爬。

"由于不敢睁眼，有什么样的神仙我没看到，但似乎听到凄厉刺耳的怪叫声，还觉得有东西在抓挠我的胳膊，拉我的腿……我惊吓得一身冷汗，一通快爬，爬到尽头，大喊两声'我要娘''我要娘'，然后撒腿就往家跑。一路上我眼前浮现的都是娘坐在家里微笑着等我回家的情景。

"跑回家，我一头扎到娘的身边，身上的衣服全湿透了，后来还整整躺了两天。但我没能治好娘的病，来年一开春，她老人家就离开了我们。

"那个除夕夜却牢牢刻在我的脑子里，每到除夕夜，我就会想起娘……"

吴霞同学的《忘不了的除夕夜》这篇文章，没有虚言假语，没有华丽辞章，只有平顺质朴的文字，却酝酿着催人泪下的情感，称得上是本色表达的一篇佳作。

二、行远：富有文采

要求本色表达与追求辞采文采并不是矛盾的。随着年龄的增长与知识的增多，对人生的理解逐渐加深，尤其是阅读了古今中外的一些佳作美文后，常常会为名家笔下的妙语连珠赞叹不已，讶异作家的斐然文采，想要学习提升自己作文的语言表达水平，使自己的作文读起来更具文采。这是很自然的。

从题材上说，本色是在强调，先要立足实际生活，真实书写自己的见闻、思悟、感受，但并不是要束缚同学们的手脚。随时收集新鲜材料，善于借鉴学习他人，敢于突破创新，进行放胆写作，彰显鲜明个性，也是写好文章必备的基本要素。从这个意义上说，创新是作文的生命，尤其是内容的创新。如果加上独出机杼的表达，又辅之以优美文采，那这样的作文既内容新颖，又词清句丽，自是佳作妙文。

所以，当积累了一些写作经验，有了一定的写作基础，作文时追求文采是情理之中的事情。但在注重文采的时候，要注意避免一味追逐，不能为了表面上显得有文采，就堆砌华丽辞藻，滥用修辞手法，或者故作玄虚，说几句看似漂亮、玄妙、高深的话语。"但字汇和词汇吸收之后，我们却不能像拼凑积木似的，随便拼凑成文。古往今来，不知有多少低能的写作者，不会让自己的思想、意志和情感，灵活地运用它们，只知无聊地从事文字的游戏，企图以华丽的词藻和铿锵的句调，骗取读者的称赞，结果，就难免受到'如七宝楼台，拆下来不成片段'的批评了。清代的郑板桥讽刺这一类作者道：'小儒之文何所长？抄经摘史饾饤强；玩其词华颇赫烁，寻其意味无毫芒。'试想一篇毫无意味的文章即使读起来叮叮当当，究竟有什么价值呢？"① 看来，不顾及文章的内容、旨意，只追求华丽的文字、辞藻，是绝对不可取的。

同时，我们在作文时也要知道，在内容充实、情感真切的情况下，淡而无味、如同嚼蜡的文章人不爱读，但繁采寡情、志淡言浓的作文也会被人厌弃。"文质彬彬，然后君子。"作文也要追求"文质兼美"，在内容美的基础上，做到形式也美，辞采也美。

---

① 沐绍良，方健明. 写作指引 [M]. 郑州：文心出版社，2019：24-25.

一篇文章是否有文采，主要的判断标准就是表达形式是否优美。

文采，依《辞源》释义，一义项为：错杂艳丽的色彩，也指华丽的衣服与乐音旋律的绚烂变化。另一义项为：文辞、才华。两个义项均与写作中用词、用语的文辞之美密切相关。

汉字是音、形、义的结合体，也是文章最小的语言组成单位。由字组词，组词成句，进而根据文章的组织结构，连句成段，缀段成篇。因此可以说，从形式而言，文采主要表现在辞藻、音韵、结构三个方面。

（一）辞藻美离不开创新，词语的创新在前端

这里的创新不是自制滥造新词，不是自己创新的不规范用语，而是指根据不同词性，对词语所包含的色彩、形状、情态、特点、内蕴有着准确把握，十分讲究用词的隽永、典雅、精美。尤其是对动词、形容词的使用，更加注意叙述描摹时的精巧细腻、淋漓尽致，以使物显其妙、人见其态。有时一个字、一个词的精巧运用，就会完全提升文章的层次。所以，对用字、用词的求工、求精、求巧，一直是中国文人写作孜孜以求的。"为人性僻耽佳句，语不惊人死不休"，"两句三年得，一吟双泪流"，就是作者追求文采的典型证明。辞采斐然之作，读来如逢霖酿，甘之若饴，能使读者体验到美不胜收、琳琅满目的阅读美感。

（二）音调美是文采的重要表现形式之一

汉字音调的平上去入、双声叠韵的整饬旋律，使得音调美成为彰显文采的有机组成要件。一个个婉转铿锵、音调和谐的

词语，如果用得精巧高妙，就好像赋予了一个个字音、一组组词语性格和生命，使得文章格韵隽永，辞旨丰约，似经句琢字雕，读来犹如天花满目，具有优美的文学性。音调的起伏荡漾、抑扬顿挫，不仅读来朗朗上口，流畅婉转，听来更是嘈嘈切切、珠落玉盘，犹如余音绕梁，三日不绝。要知道，音调美对字义强化、情绪应和、唤醒听觉美感等方面具有极其重要的意义。

（三）结构美带来的形式美感具有很强的冲击力

所谓结构美，指的是讲究句子之间、句段之间、段篇之间，乃至不同层面的结构之间，长短有致，密疏有度，开合有方，气韵正中。譬如，或一唱三叹，言言不尽；或回环复沓，起落跌宕；或敷陈铺设，华彩盛章；或借助他物，兴味自起；或修辞用典，绝妙精辟。至于句子的停顿换气、衔接过渡，更是因文而设，情态百出。

精巧的形式、华美的文辞，能给读者带来无上的视觉、听觉美感与酣畅淋漓的阅读快感。

著名作家张晓风的《春之怀古》，是一篇典型的具备辞藻美、音调美、结构美的妙辞佳章。

春天必然曾经是这样的：从绿意内敛的山头，一把雪再也撑不住了，扑哧的一声，将冷脸笑成花面，一首渐渐然的歌便从云端唱到山麓，从山麓唱到低低的荒村，唱入篱落，唱入一只小鸭的黄蹼，唱入软溶溶的春泥——软如一床新翻的棉被的春泥。

那样娇，那样敏感，却又那样浑沌无涯。一声雷，可以无端地惹哭满天的云，一阵杜鹃啼，可以斗急了一城杜鹃花，一阵风起，每一棵柳都吟出一则则白茫茫、虚飘飘说也说不清、听也听不清的飞絮，每一丝飞絮都是一株柳的分号。反正，春天就是这样不讲理、不逻辑，而仍可以好得让人心平气和的。

春天必然曾经是这样的：满塘叶黯花残的枯梗抵死苦守一截老根，北地里千宅万户的屋梁受尽风欺雪压犹自温柔地抱着一团小小的空虚的燕巢，然后，忽然有一天，桃花把所有的山村水廓都攻陷了。柳树把皇室的御沟和民间的江头都控制住了——春天有如旌旗鲜明的王师，因长期虔诚的企盼祝祷而美丽起来。

而关于春天的名字，必然曾经有这样的一段故事：在《诗经》之前，在《尚书》之前，在仓颉造字之前，一只小羊在吃草时猛然感到的多汁，一个孩子在放风筝时猛然感觉到的飞腾，一双患风痛的腿在猛然间感到的舒活，千千万万在溪畔在塘畔在江畔浣纱的素手所猛然感到的水的血脉……当他们惊讶地奔走互告的时候，他们决定将嘴噘成吹口哨的形状，用一种愉快的耳语的声量来为这季节命名——"春"。

鸟又可以开始丈量天空了。有的负责丈量天的蓝度，有的负责丈量天的透明度，有的负责用那双翼丈量天的高度和深度。而所有的鸟全不是好的数学家，他们叽叽喳喳地算了又算，核了又核，终于还是不敢宣布统计数字。

至于所有的花，已交给蝴蝶去点数。所有的蕊，交给蜜蜂去编册。所有的树，交给风去纵宠。而风，交给檐前的老风铃去——记忆，——垂询。

春天必然曾经是这样，或者，在什么地方，它仍然是这样的吧？穿越烟囱与烟囱的黑森林，我想走访那踯躅在湮远年代中的春天。①

可以说，文章辞藻美、音韵美、结构美三者兼具。

起段即不落俗套，以想象起笔，采用拟人手法，"扑哧的一声，将冷脸笑成花面"的雪，唱响了"渐渐然"的春日之歌。其后，一声雷的娇憨、满天云的敏感、杜鹃花的脆弱、柳絮的混沌，活脱脱一幅自然之物闹春图。衔接其后的更是一番关于春日春景和春天名字的想象，昂昂然充满诗意，讶讶然充满志趣。拟人化的手法、精妙的比喻，把春日物景写得形、相尽出，描得情、态俱现，于生动传神的表达中体现了汉语辞藻的魅力和光华。

音韵上，鸟儿"有的负责丈量天的蓝度，有的负责丈量天的透明度，有的负责用那双翼丈量天的高度和深度"是一个音节的复用；"至于所有的花，已交给蝴蝶去点数。所有的蕊，交给蜜蜂去编册。所有的树，交给风去纵宠。而风，交给檐前的老风铃去——记忆，——垂询"，同韵或近韵转换贴切自然，诉诸声音时给人带来美妙的听觉享受。

结构上，多处排比形成的整齐和谐，间以短句穿插的灵活跳跃，使得句式变换长短相宜，各得其所。由此，描摹的春日画面有声、有形、有色，极为清晰生动。春天，在作者笔下，通过想象，变得立体丰满，清晰鲜活，生机盎然。

---

①　张晓风. 春之怀古 [J]. 语文世界（初中版），2007（4）：9.

当然，名为写"春之怀古"，实则表为今朝之春。看似"春天必然曾经是这样的"的想象春景，恰是当下一春的即时即景。构思的精巧、文采的优美，与行云流水的思想、体悟感悟的深刻，互相融合，彼此唱和，实现了本色文采、辞达行远的有机统一。

以文意之美为根基，以文采之美为枝叶，思想感情之美与文辞表达之美的结合达到至真、至臻、至美之境。赫赫旨意，郁郁华章，内容形式各就其位，各司其职，又互相助力，走向融合。如此，则辞达行远，本色文采实现了完美统一。

第十五讲　定法变法

　　作文虽然没有绝对的金科玉律，但对于中学生来说，初习作文，还是要遵循一定的基本规范。这些基本规范或者说文章作法，是从学习大家名家的范文名篇中总结出来的。具体到我们的学习当中，就是以单元形式编排的语文教材。这些教材中的每一篇文本都具有典范价值和示范意义，可供大家反复阅读体会，精读课文还需要老师的精讲全解与同学们的精学精练。另外还要结合课外的自主阅读和拓展阅读，在习得体会中学习作文方法。正是在这样的学习过程中，我们通过阅读与鉴赏、表达与交流、梳理与探究等语文学习活动，在语言建构与运用、思维发展与提升、审美鉴赏与创造、文化传承与理解等方面获得了不断的进步、提升与发展。同时，我们坚定了文化自信，自觉弘扬社会主义核心价值观，树立积极向上的人生理想，为未来人生的全面发展和终身发展奠定良好的基础。而这，正是语文课程学习要达到的课程目标。

　　语文学习活动对语言、思维、审美、文化的习得养成具有潜移默化的影响，对文字表达、思维能力、鉴赏能力、文化的感知力和理解力的提高具有不可忽视的关键作用。其中，运用语言文字能够进行很好的表达交流，写出一手漂亮作文，是各种能力的基础构成条件。

写出好作文，或者说写出能得高分的作文，是老师和学生都期待并努力在做的事。老师的主要任务是教学生作文，不是教学生创作。学生学习作文的目的也不是为了人人都去当作家，而是更加熟练地掌握语文这种工具的功能，在生活、工作、学习过程中能够进行达标或达标以上的听说读写，提升运用祖国语言文字的能力。同时，培养高尚的审美情趣，积累丰厚的文化底蕴，形成良好的科学人文修养，实现语文课程工具性和人文性的统一。

对学生语言文字运用能力的高低需要进行衡量判断，于是就有了教学评价，有了学业水平测试，有了高考语文考试。虽然考试不是检测语文学习水平最准确的天平，但在当前的教育背景下，却是应用最广、最重要的有效方法。所以，要通过经常性的单元作文练习，提高考场作文水平。

一方面，我们接受教育学习语文的目的不是纯粹为了考试；另一方面，学习语文又离不开考试。

从国家层面讲，党的十九大明确提出：要全面贯彻党的教育方针，落实立德树人根本任务，发展素质教育，推进教育公平，培养德、智、体、美、劳全面发展的社会主义建设者和接班人。从个人角度看，通过教育掌握知识技能，形成良好素质、高尚品质、健全人格，在更好地服务社会、报效国家中实现个人价值，既责无旁贷，又理所应当。通过公平设置的考试，既能为国家选拔优秀的担当民族复兴大任的时代新人，又能检测语文教育教学实践是否卓有成效，衡量学生的核心素养培养是否达到应有水平。所以，对学生来说，学好功课、取得理想成绩与分数，还是学生阶段至关重要的一件事情。

就从学好语文这门功课出发，着眼于提高写作水平、拿到高分更好；就是仅仅立足于能够使用语文这种工具，将来自己够用、能用、好用，在帮助别人时也有用，也应好好学习语文。从这两方面说，写作训练都极其必要且重要。那么，基础教育阶段的写作有没有一定的方法可供遵循的呢？

从教学质量评价和学业质量检测双向指标看，经历了多年的作文训练，一些学生的作文写得仍不理想，与课程标准中设置的语言表达交流质量标准仍有较大的差距，老师和学生都不太满意。写作练习中，由基础等级到发展等级，从模仿到创新，自初级阶段掌握基本的写作方法到较高阶段自己的变换写法，由入圈到破圈，先期遵循基本的写作方法是一个需要经历不能省略的过程。

一、作文要有"定法"

文有"定法"，这一点首先要明确。也就是说，学生学习作文不能无法，在写作训练的过程中，需要先从学习一些基本的写作方法入手，遵照参考一些常规的"定法"要求。

作文的基本写作方法较多。从写作心理的层面讲，要用心感受、深入思考、大胆想象、善于联想，敢于表达个性，勇于创新，能够再现客观事物，表达主观情意等；从文体训练层面讲，要理解记叙文、议论文、说明文等常用文体的特点，提高常用文体的写作能力，在更高阶段的自由写作或文学创作进行积极尝试等；从写作过程讲，包括审题立意的要点内涵，构思结构的基本方法，语言表达的方式方法；等等。

不同层面所涉及的一些基本的写作方法，并不是一下子要求大家完全掌握的，而是在遵循语文课程的性质、特点、目标、结构基础上，着眼不同学段语文学科核心素养培养，通过科学合理、循序渐进的课程内容设置来体现完成的。譬如，针对记叙文，初中学段要求，了解记叙文一般应包括时间、地点、人物、事件、原因、结果"六要素"。写人时学会通过肖像、行动、语言、心理等正面描写和反衬、烘托等侧面描写，写好人物。写事时，要把事件的过程叙述得比较清楚完整，有开端、经过和结果。到了高中阶段，则要求通过真实生动的细节、新颖典型的材料等，写出人物在思想意识、品质风格、行为习惯等方面与他人有着鲜明区别的迥异个性和特有精神。叙事则要求立足现实生活的复杂性、深刻性、广阔性，写出事件本身的曲折多变与波澜起伏，在偶然与必然、常态与变态、直线发展与曲折前进中，折射事件本身及社会背景的变化发展。可以看出，同样是写人记事，高中学段的要求相比于初中而言，要求是大大地提高了；同时又是基于初中写作训练的基础，有着梯级上升的基本练习台阶。其他的写作方法，无论是基于写作心理还是基于写作过程，也是遵循按部就班、由浅入深的训练梯度。

作文虽有"定法"，但是也要注意：

"所谓写作的'方法'，决不是那些八股式的'窠臼'。别人的文章说：'一面是荒淫与无耻，一面是严肃地工作。'你的文章就说：'一面是糜烂的生活，一面是艰苦地革命。'像这一种笨拙的模仿，并不是真正有用的方法。

"真正有用的方法，是可以让我们灵活运用的原则，是从许多经验中抽出来的结论，是前人实践的成果，是我们克服困难后所得的教训。苏联大作家 A·托尔斯泰说：'写作过程是时时被障碍阻塞着的。这些障碍，必须跨过去，跨过了之后还是有困难的。所谓"顺笔而下"，一挥而就的事情，无论什么时候，无论谁也不曾有过。写作从来总是困难的，越难，结果越好。'

"所以问题是我们能不能坚决克服学习过程中的各种困难。能够克服困难，我们就能够获得写作的方法，学会写作……"①

沐绍良、方健明两位先生在其所著《写作指引》中的讲解，帮助读者很好地解决了对作文"定法""方法"的理解问题。也就是说："写作是有方法的。这些方法是从前的作者和我们自己在写作过程中克服了困难而获得的。"②

二、作文还要有"变法"

"变法"与"定法"并不互相矛盾，定中可以求变，这一点也要明白。作文时遵循基本的写作规范，也就是依据定法、常法。在写作过程中，一方面，不能被定法所束缚，固守死

---

① 沐绍良，方健明. 写作指引［M］. 郑州：文心出版社，2019：5.
② 沐绍良，方健明. 写作指引［M］. 郑州：文心出版社，2019：4.

法，如果处处时时遵守定制，那就容易形成"套路作文"；另一方面，要结合自己的作文练习的经验与实践，于定中求变，常中见新，追求变法。相对于"定法"而言，作文"变法"是一种革新、创新，可以表现在内容、形式两个方面。

就内容而言，可以在前人的作品中增加一些情节等，例如扩写、改编；可以重新续写故事，体现自己的思想，例如故事新编；可以进行倒置重造，例如想象作文；可以打破常规思路，进行否定之否定，例如议论中的反向论证；等等。

就形式而说，以议论文为例，可以析理论说，切中肯綮；可以对比阐释，是非自明；可以巧用比喻，形象阐发；可以释义引申，鞭辟入里；可以反向归谬，不打自招；等等。就语言表达来说，可以口语化表达，也可以书面化行文。

无论是选取内容创新还是形式"变法"革新的路径，都要根据作文的目的、表达的需要，及自己熟悉擅长的程度等。这是出发点，也是回归点。

下面我们来看两篇文章。

2001 高考作文试题：

有一个年轻人跋涉在漫长的人生路上，到了一个渡口的时候，他已经拥有了"健康""美貌""诚信""机敏""才学""金钱""荣誉"七个背囊。渡船开出时风平浪静，说不清过了多久，风起浪涌，小船上下颠簸，险象环生。艄公说："船小负载重，客官须丢弃一个背囊方可安渡难关。"看年轻人哪一个都不舍得丢，艄公又说："有弃有取，有失有得。"年轻人思索了一会儿，把"诚信"抛进了水里。

　　寓言中"诚信"被抛弃了，它引发你想些什么呢？请以"诚信"为话题写一篇文章，可以写你的经历、体验、感受、看法和信念，也可以编写故事、寓言，等等。所写内容必须在"诚信"的范围之内。

　　[注意] ①立意自定。②文体自选。③题目自拟。④不少于800字。

例文一

当诚信被抛弃的时候

　　当诚信被抛弃的时候，我们健康的身体就如同行尸走肉一般。因为失去了精神的支柱，人与人也就回到了原始的争夺之中。健康的身体成为竞争的唯一资本，但并不会长久。因为无源之水最终是要干涸的。诚信便如同一泓清泉，时时带来最有生命力的流动。

　　当诚信被抛弃的时候，美貌便成了伪装。因为在清秀的面目之下本是一张狰狞的脸。善良的人们或许会因为美貌而被蒙蔽一时，但一张画皮又如何包得住禽兽的野心？而当人们揭穿这一切之后，美貌便成了丑陋的标记。

　　当诚信被抛弃的时候，机敏也就蜕化为奸诈和圆滑。市井小人的钩心斗角于是也堂而皇之地出现了。斤斤计较、尔虞我诈成为生活的主旋律。结局自然也是不言自明——机关算尽太聪明，反误了卿卿性命。

　　当诚信被抛弃的时候，才学也变得黯然失色。如果才学是帆，那么诚信就是舵。当生命之舟扬帆起航时，却早已迷失了方向。帆威风八面地带着船昂首向前，而成功之岸也悄悄地与之擦肩而过。这一切都被诚信看在眼里，它知道胜利的终点，却也无能为力。因为它早已被抛弃。也许帆永远也不会知道，为何在前进了千万里之后，成功还是遥遥无期。

当诚信被抛弃的时候，金钱便成了罪恶的枷锁。人们疯狂地追逐财富，将道义法律抛于脑后，社会因此变得混乱不堪。到处是奸商的冷笑和受骗者的懊恼。"天下熙熙，皆为利来；天下攘攘，皆为利往"将不可避免地成为现实。

当诚信被抛弃的时候，荣誉也变得空虚。那一身的赞誉像毒蛇一样侵蚀着脆弱的心灵。没有了灵魂的支柱，所谓的"荣誉"也就成了过眼云烟。当你一觉醒来的时候，发现你又成了芸芸众生中不知名的一员。因为荣誉早已随着诚信一起离开了。

当诚信被抛弃的时候，人生的天空将变得昏暗。

当诚信被抛弃的时候，灵魂的呼吸将变得无比艰难。

当诚信被抛弃的时候，还有什么值得依靠？

例文二

赤兔之死

建安二十六年，公元 221 年，关羽走麦城，兵败遭擒，拒降，为孙权所害。其坐骑赤兔马为孙权赐予马忠。

一日，马忠上表：赤兔马绝食数日，不久将亡。孙权大惊，急访江东名士伯喜。此人乃伯乐之后，人言其精通马语。

马忠引伯喜回府，至槽间，但见赤兔马伏于地，哀嘶不止。众人不解，惟伯喜知之。伯喜遣散诸人，抚其背叹道：

"昔日曹操做《龟虽寿》，'老骥伏枥，志在千里。烈士暮年，壮心不已'。吾深知君念关将军之恩义，欲从之于地下。然当日吕奉先白门楼殒命，亦未见君如此相依，为何今日这等轻生，岂不负君千里之志哉？"

赤兔马哀嘶一声，叹道："予尝闻，'鸟之将死，其鸣也哀；人之将死，其言也善。'今幸遇先生，吾可将肺腑之言相告。吾生于西凉，后为董卓所获，此人飞扬跋扈，杀少帝，卧龙床，实为汉贼，吾深恨之。"

伯喜点头，曰："后闻李儒献计，将君赠予吕布，吕布乃天下第一勇将，众皆言，'人中吕布，马中赤兔'。想来不负君之志也。"

赤兔马叹曰："公言差矣。吕布此人最是无信，为荣华而杀丁原，为美色而刺董卓，投刘备而夺其徐州，结袁术而斩其婚使。'人无信不立'，与此等无诚信之人齐名，实为吾平生之大耻！后吾归于曹操，其手下虽猛将如云，却无人可称英雄。吾恐今生祇辱于奴隶人之手，骈死于槽枥之间。后曹操将吾赠予关将军，吾曾于虎牢关前见其勇武，白门楼上见其恩义，仰慕已久。关将军见吾亦大喜，拜谢曹操。操问何故如此，关将军答曰：'吾知此马日行千里，今幸得之，他日若知兄长下落，可一日而得见矣。'其人诚信如此。常言道：'鸟随鸾凤飞腾远，人伴贤良品质高。'吾敢不以死相报乎？"

伯喜闻之，叹曰："人皆言关将军乃诚信之士，今日所闻，果真如此。"

赤兔马泣曰："吾常闻不食周粟之伯夷、叔齐之高义。玉可碎而不可损其白，竹可破而不可毁其节。士为知己而死，人因诚信而存，吾安肯食吴粟而苟活于世间？"言罢，伏地而亡。

伯喜放声痛哭，曰："物犹如此，人何以堪？"后奏于孙权。权闻之亦泣："吾不知云长诚信如此，今忠义之士为吾所害，吾何面目见天下苍生？"

后孙权传旨，将关羽父子并赤兔马厚葬。

同时针对一个高考作文题，两位同学的作文都紧扣"诚信"主题，写法却截然不同，一个中规中矩自有风采，一个突破常规一新耳目。

《当诚信被抛弃的时候》一文采用并列结构，用每一个段落分别对应话题材料中的"健康""美貌""机敏""才学""金钱""荣誉"，对抛弃诚信后其他"六个锦囊"的表现进行了一一分析。每段首句起领概括，而后进行深入分析，论述了诚信对于漫长人生无可比拟的宝贵价值。层次清晰，读来一目了然。同时，在以段落排比的结构安排进行立论辨析的基础上，虽然都以"当诚信被抛弃的时候"起句，但在展开阐释时，前六段详细阐述，后三段单句成段，详略突出，结构相宜。结尾的诘问更是把思路荡漾开去，引人深思，为读者留下余绪回味。开门见山的提笔，深刻清晰的论述，并列排比的结构，详略的布局安排，行文与题目的紧密照应，都为这篇作文增姿添彩，获得高分自在情理之中。

《赤兔之死》则不同于前篇。其除了内容紧紧围绕"诚信"主题外，在表现形式上大胆创新。文章以拟人化的手法，在赤兔马与伯喜之间展开了围绕"诚信"的一场精彩的对话，文章的主题得到了很好的展示。更为创新的是，作者以古白话文语体，叙述故事，展开情节，且因为运用得体、行文畅达，在高考中拿了满分。

可以说，运用古白话文表达，是大胆创新，是破格出格，是变法新法，对于考场作文来说，是较为冒险的做法。但是，考生蒋昕捷自幼喜欢阅读，小学时就开始读《三国演义》，之后又多次阅读，对于书中的故事较为熟悉。对其他中国古典文学名著、《论语》《世说新语》等古文经典也有所涉猎。对于古典经典诗词，很多能够熟读成诵。正是由于较为长期的阅读积淀所形成的知识积累、语感积累，对文言语体的使用表达特点"定法"有了较为深入的理解和掌握，才能够写出这样出新出彩的"变法"作文。如果没有这方面的积累而贸然使用文言文写作，可能就会因语言的生涩僵硬、死板套用，影响主题的凸显，进而影响作文得分。

由此来看，遵循常规、稳妥运笔当然是可行的，勇于创新、突破常规同样是宜人的。无论选择哪种写法，都要立足自身积累，更好地凸显主题。

在实际写作时，无论是日常作文还是考场作文，积累的真实材料、体验的真实感觉，可能不适合在一篇文章中表现出来。譬如，老师出了一道题目"植树节的快乐"，已经限定了时间是"植树节"，表达的感情要突出"快乐"，那你在组织材料与构思时，就可以写到植树时同学们的兴致高昂，在植树时大家互帮互助，主动争先，抢着干累活重活；也可以写老师悉心指导，率先垂范，带领同学们圆满完成了植树任务，大家既兴高采烈，又掌握了栽树要领，怎能不快乐？还可以详细叙述植树过程，当完成植树任务后，直起累弯了的腰，看着一棵棵小树扶风摇曳，新芽初绽，焕发出勃勃生机，想到自己虽然只为天更蓝、水更清、山更绿尽了微薄之力，但心头仍洋溢着喜悦之情。当然还有其他的角度，因为每个人植树时付出的劳动和获得的感受是不一样的，立意时表达的快乐之情也会不一样。可如果不凑巧呢，恰恰植树中发生了不愉快的事，两个同学都在积极认真植树，偏偏少看了一眼，一位同学手上的铁锹手柄恰好不小心碰到了另一位的脸颊，还流了血。两位同学发生龃龉，差点打了起来，经同学劝阻得以和解。这样的素材如果写入文中，从情理、主题来说，就与"快乐"些偏离。这也不要紧，暂时把这些素材、立意、体验留存起来，以后遇到合适的主题，还可以从其他角度重新调出来运用。

上述例子是想说，作文时尤其是考场作文，要把题目的限制和选材的自由、立意的贴切与笔墨的自由很好地结合起来，进行典型材料的删选，贴合立意的表达，真实情感的倾诉，实现"自由"与"节制"的统一。也就是说，考场作文要写得"文"一点，"雅"一点，"正"一点。譬如：在对材料的运用可以稍微保守一些；感情表达上合乎正格一些；起承转合后"合"的主旨要明确一些，如果留有的空白余地过大，前面所述又不清晰的话，会使读者云里雾里不知所以然；写作手法尽量合乎正格，不急于出奇制胜、剑走偏锋，如果运用不熟练，会伤及自身，影响作文等级；等等。

其实，就基础教育的写作练习而言，还处于打基础、夯根基的阶段。熟稔理解作文的基本范式、体式、方法，掌握常见问题的思路、写法、表达方式后，早期保守一些，正统一些，先入格再出格，于立常中求变，规定中求新，把常规定法与新颖变式很好地结合起来，逐步层层递进，既不死守定法，也不胡编乱造，做到立心正意、立言求诚，实现语文课程育人目标与学习目标的双效达成。

第十六讲　修改润色

　　写一篇作文，一气呵成自然是很好。但是，在多数情况下，初次下笔写成的作文往往不太成熟，常常有着这样那样的问题，觉得有加以修改的必要。遑论是同学们，即便是一些大作家，大多数的文章完成后也是需要进行三番五次的修改的。所以，当一篇习作完成后，认真看几遍，把自己觉得不满意的地方做些修改，做到精益求精，不仅是可行的，而且很有必要。可以说，好文章是改出来的。

　　我们知道，一篇文章要有一个中心意思，即"意"，而这个中心意思需要借助语言文字内容这一媒介把它表达出来，即"言"。作文时，我们常常希望文通字顺，辞达行远，文质兼美。可实际情况是，当我们心中想说的话、想抒的情变成文字的时候，并不与我们心中所想的完全一致。构思时不够全面，或是下笔时思路不够清晰周密，或是论说时所持的观点有失偏颇，或是有了新的启发，或是重读发现不足，也有可能是限时作文所给的时间太短等，都会出现成文后与下笔前所想表达的意思不吻合、不一致的情况，没有达到自己理想的作文状态。在语言上，也存在这样那样的问题，出现一些纰漏、不足与欠妥之处。这时就需要对作文进行修改，做到更上层楼，争取美而无憾。

那么，该怎样修改一篇作文呢？

修改时要从"意"和"言"两方面下手。

一、先说改"意"

"意"的修改是第一位的。"意"在"言"先，改"意"先于改"言"。

关于文章的"意"，一般要求新颖、深刻，并且情和意要能很好地结合起来。如果整体立意出现很大偏差，这时则需要重新组织素材，拟写提纲，再次审题构思。但如果是有些话说得不够严谨、不够科学，或是说得模模糊糊，或是情感的倾向性不分明，则要对文章的"意"做一些修改。

我们来看一个片段。

"古时候，有位叫屈原的楚国大夫，可谓一表人才，其才华可比天高，著有《离骚》《楚辞》等大作。可惜一代才子只因楚王无能，无法排解心中的郁闷跳江而死。在当时叫作忠诚，但我真的不理解，楚王的无能与你屈原有何关系？你跳江还能跳出个百万雄师？古人的思维真的让人无法理解。一个人经不起亡国这一逆境，可见逆境害人啊！"

上段文字节选自《生命在逆境中绽放》一文，所举屈原事例与提出的观点"生命在逆境中绽放"相背离。文章对屈原的评价扭曲了历史事实，质疑缘由与主观论断都有失偏颇。"一个人经不起亡国这一逆境，可见逆境害人啊！"一句段落结束语偏离了"生命在逆境中绽放"的中心论点，屈原的事例不是用来作为论点的论据的，反而在对屈原的质疑与否定中颠覆了中心论点。之所以会如此，是因为在下笔之初就没有确立好文章的"意"，没有想明白自己在文中究竟要表达的中心意思是什么。

看来，立意首先不能乖乎事理，模糊不清。提笔时"意"不明，自然导致写作时中心不明，论述混乱。这样的文章是没办法修改的，只能再次审题构思重新写作了。

再看一个例段：

"现在这个社会处在逆境中的人也不少，但大多数是因为懒惰所致。勤劳致富，这四个字才算是真理。"

且不说"勤劳致富，这四个字才算是真理"一句与前一句并无必然的内在逻辑关系，单看处在逆境中的人是懒惰所致就有点站不住脚。逆境大多是由懒惰造成的吗？勤劳致富是摆脱逆境的万能药吗？有时并不能一概而论。谁都不愿遭遇逆境，但是当真的身处逆境，有可能是社会、家庭、个人等多方面的原因造成的，怎么能说懒惰是造成大多数人身处逆境的原因呢？如果以此而论，那霍金、张海迪、无臂钢琴师刘伟这些身残志坚的人都是由于懒惰才使自己身处逆境？这番话说得有些绝对不合情理，把复杂的问题简单化了。做修改时，要对身处逆境进行客观的分析，从而做出论断，这样才能使"意"正确。

不要简单、静止地看问题，是立意时应当注意的。

另一个例段：

"的确，在面对困难的时候，我们应该永不退缩，以更加顽强的姿态来迎接人生的挑战。但这并不一定意味着只有逆境才能造人才，出英雄。照此分析，只有天下大乱时才会出更多的英雄，才能更好地推进社会经济的发展。也许在逆境中出了那么几个人才，但它会使更多的人才流失。"

作为文中的一个独立语段，文章主要想表述的是逆境并不能够造人才。可是，"只有天下大乱时才会出更多的英雄，才能更好地推进社会经济的发展"一句，作者显然偷换了概念，把逆境造人才和乱世出英雄混为一谈。

在一个语段中，文章层次不清，语言说得太过饱满，不注意分寸，不考虑后果，文章的"意"就出现了偏差，修改就是必须的了。

当然，对"意"的修改不仅仅限于以上几点，这里只是列举了常见的几个方面。修改文章，"意"重于"言"，先于"言"。因为如果立意不正确，所有的"言"都没有了意义。要想使文章的"意"新颖、深刻，意情结合，功夫在平时。多观察，多思考，坚持实事求是的观点，具体事物具体分析，这样在一定程度上就可以避免在立意上出现大的偏差。

二、再谈"言"的修改

言，就是具体的语言表达。重要的是体现在词语、句子、段落上。

（一）就词语而言，要恰当、贴切

例一：

"在我所有的老师中，我最喜欢五年级的数学老师。她的头发稀疏，弯弯曲曲，像是兰州拉面，又像是希腊神话中美杜莎的头发，于是，她便有了一个绰号叫'美杜莎'。美杜莎，简称'老美'。老美工作认真踏实，要是哪个臭小子作业不交，她便会到教室里来狼嚎一阵儿。除教好她的数学外，她还像太平洋上的警察一样管得宽。你要是乱扔纸屑果皮，或者浪费粮食，一旦被她发现，那你可就像柔弱的小树遇到了狂风暴雨一样遭了殃，不仅额头上有可能挨她的敲打，还会被骂个狗血喷头。"

对老师的外貌描写挺细致，人物形象一下子就凸现了出来，应该说起笔还不错。但是，接下来的叙述由于用词不当，笔下的老师似乎变成了一个暴戾狂。其实，从小作者所写的第一句话中，可以感觉到他想表达的意思是自己很喜欢这个老师。因为"老美"教学认真负责，对学生的学习和生活都很关心，发现学生做错事就批评教育，可文中却用了"狼嚎""狗血喷头"两个带有贬义色彩的词，老师的传道授业、解疑去惑的形象一下子被一笔抹杀了，不仅没有很好传达出自己的想法，反而使读者读后的感受与小作者想要表达的意思相距甚远，甚至会造成误解。

例二：

"课堂上，老师讲解得栩栩如生。我集精会神地听着。""集精会神"？哪有这样的说法？自造新词、滥用成语，应该避免。

"我和尤鹏相处久了，就成了无话不谈的好朋友。有一天，他信口雌黄地说：'你真是我的好朋友。'"这一句中，"信口雌黄"是贬义词，在这样的语言环境中，显然不符合作者笔下塑造的好朋友尤鹏的身份。

　　所以说，用词恰当贴切是写好作文的极其重要的一步。因为词语—句子—段落—文章，这是一个循序渐进的作文过程。词语是组成一篇文章的基本单位，是提笔行文的基础，是写作的垫脚石。没有对词义的准确理解，不会选择恰当、妥帖的词语进行表达，那就是遇到了作文中的第一只拦路虎。不把这个拦路虎消灭，写作文别说是"文从"，就连"字顺"也难达到了。因此，修改"言"时，要从词语这个最基本的造句单位入手，对词语的含义、词性、色彩、褒贬、搭配等仔细斟酌，认真修改，学会选择恰当、贴切的词语表达自己的意思和情感。

　　选择词语时，注意要合乎分寸、得体妥帖、搭配得当。还要避免使用一些不适合上下文情境的文言词、方言词、生造词等。

　　例三：

　　"我最难忘的是在外婆家的几年。彼时，我少不更事，尚不知思念父母大人为何情也。"这一句，夹杂着半文半白的语言并没有提升文章的厚度，反而使文章前后用词不统一，严重影响了情感的表达。

　　（二）就句子而言，要通顺、简洁、规范

　　例四：

　　"我总有些莫名地讨厌夏日午后的阳光，因为它总是毫不吝啬地展示它疯狂的热情，狂热地抚摸金属栏杆，然后再刺痛人的眼眸。淡淡纯纯的感觉自天际飘来，像是小提琴清澈而空灵无任何伴奏的绝妙，我从心底认为那一刹那黑色的曼陀罗绽放的声音就是天使降临的声音。我就是这么喜欢夏天。"

读了上面仅百余字的文段之后感觉如何?

说实话，我是不大明白。首句意为讨厌夏日午后的阳光，第二句的承接则有些莫名，"淡淡纯纯的感觉"不知从何而来，况且这种感觉是美好的，与前文所写的讨厌之感有些矛盾。结句竟然是"我就是这么喜欢夏天"，与首句的表意产生矛盾。本段只有三句话，第二句与第一句前言不搭后语，第三句的转换又过于突兀。一段话中前后句之间的意思不连贯，处于一种分割条块的状态，文章读起来不太顺畅，吭吭巴巴，拗口得很。虽然乍一看语言还很优美，但是实际上却是违反了写作表达一个基本的原则，那就是把文章写得通畅，意思连贯，让人一读就明白。我们写作文是想表达自己想说的话，是想通过文字达到与别人交流的目的。同口语化的交际一样，如果一篇文章别人读后不能够明白自己的意思，那这样的写作还有什么意义呢?

这就为我们提了一个醒，作文时流畅表达是基本要求。尤其是构成文章的重要组成单位——句子，要通顺畅达，衔接自然。在修改作文时，要看一个句子是否是围绕段落中心，前后句子的意思是否连贯，句子之间的衔接是否有条不紊、自然顺当，句子的结构组织、语序安排是否合理等。这些都是修改句子时尤其需要注意的地方。要通过修改，使句子衔接自然，把自己的所见所闻、所思所想井然有序地表达出来。

例五:

"妈妈，520。我给你说，我们班有一个同学可 CBA，平时爱围炉，上课常常偷偷吃洗胃，还扬言自己是超级蜘蛛侠，天不怕地不怕。不巧有一次围炉时被老班发现了，叫到办公室狠狠地 K 了一顿，回来就成了蔫了的萝卜，死翘翘了。"

这是从一篇作文中截取的一段，是女儿在饭桌上对妈妈说的一番话。大家读懂了吗？

我要说，我可是没读懂，感觉还别扭。私下咨询，多方求教，总算是弄明白了这段话的大概意思，原来，文中的个别词语是这样一一对应的：520——我爱你；CBA——酷毙了；围炉——打群架；洗胃——喝饮料；K——训斥；死翘翘——变老实了。你看，文中有英文字母、数字、网络语言等，简直就像是江湖用语，写的人心知肚明，可读的人却受了罪，不知所云，如坠云里雾里。

试着回忆一下，我们学过的课文好像没有这个样子的。这样的表达是含混的，模糊的，错乱的！所以说，在作文时一定要使用规范的语言，要遵循汉语的结构规律和词汇、语法规则，注意遣词造句的分寸，掌握汉字的韵律，注重词语的搭配恰当、句子表达的准确明白，不要随意夹带使用英文单词或字母缩写等外国语言文字，注意保持汉语的纯洁性，不生造非中非外、含义不清的词语，等等。

例六：

"我用笔写字的时候，笔尖发出沙沙的声音。"写字自然少不了笔，"用笔"二字多余。

"今天晚上，老师给我们布置了阅读《海底两万里》第47～65页并选择其中的三段进行摘抄的作业。"这样的表达虽没有语病，但极不自然。虽然作文是用文字说话，但太长的句子会让人在阅读时喘不过气来。可改为："今天晚上，老师给我们布置了作业：阅读《海底两万里》第 47～65 页，并选择其中的三段进行摘抄。"这样读起来就流畅多了。

"窗外，淅淅沥沥的小雨轻声飘落，突然，教室的门被当的一声推开了，浑身湿得像落汤鸡一样的崔帆推门而入。"前面是淅淅沥沥，后面是落汤鸡，显然，句子前后照应不周。

"例六"的三个例句，主要是说明当写作时出现病句后，要先把句子改为正确的表达。

例七：

"如果你想玉树临风风度翩翩或是沉鱼落雁羞花闭月，那就应该拥有一头飘逸的靓发。杂草丛生的鸟窝是无法给人什么好感的。

"头发的责任不止如此，它总给人第一印象。身材相差无几者，平视水平面最凹处看到的是头发；身材相差悬殊者，高大者居高临下看到的是头发，矮小者仰首昂视看到的还是头发。球场上往往未见其面先观其发，这方面头发可谓任重道远劳苦功高过目不忘。

"余观夫吾之同仁之发，琳琅满目大饱眼福大开眼界。某君如开垦南泥湾似的一撩齐平，某君又似风吹草低见牛羊似的空有几缕亮发遮盖头皮，某君喜欢四处招摇俨然到处留情的酷样，某君尽管放任自由，现在想起来与鲁迅的头发倒是鹊桥相会了。"

上述作文片段文白夹杂，读来有些生硬，有些拿腔，有些走调，在一定程度上影响了阅读的舒适度。

语言的不自然表现在很多方面，譬如：不用简洁明白而用啰唆艰涩的，非必要情况不用直白叙述而喜欢绕圈子的，不用当下书面语言而用文言文源流的词语等，这些语言使用有时受个人习惯影响。但对于中学生而言，把简单不过的表达说得云里雾里，把明白晓畅的叙述说得含混不清，把通俗易懂的说得佶屈聱牙，不时间以"等因奉此""之乎者也"，并不能起到更好的表达效果，也不能提升作文的等级，有时还会弄巧成拙。因此，在作文时，要做到像叶圣陶先生讲的那样："既然要写出自己的东西，就会连带地要求所写的必须是美好的：假若有所表白，这当是有关于人间事情的，则必须合于事理的真际，切乎生活的实况；假若有所感兴，这当是不倾吐不舒快的，则必须本于内心的郁积，发乎情性的自然。这种要求可以称为'求诚'。"①"我们从正面与反面看，便可知作文上的求诚实含着以下的意思：从原料讲，要是真实的、深厚的，不说那些不可征验、浮游无着的话；从写作讲，要是诚恳的、严肃的，不取那些油滑、轻薄、卑鄙的态度。我们作文，要写出诚实的、自己的话。"②

（三）就段落而言，修改主要是看其前后结构的合理性、衔接性、详略性

段落的修改是基于句子之上的。如果一篇作文需要对段落进行大段的修改，那就是对文章最大的结构骨架进行的修改。这时就要更加慎重。首先要检视文章"意"的层面，立意是否

---

① 叶圣陶. 作文论 [M]. 郑州：文心出版社，2019：9.
② 叶圣陶. 作文论 [M]. 郑州：文心出版社，2019：10.

正确，观点是否鲜明，内容是否充实有新意。如果检视后发现
段落叙述脱离了"意"的合理轨道，就直接删减，重新构思；
如果基本符合，再进行详略、衔接方面的加工修改。

　　另外，还要注意标点符号等方面的修改。恰当的标点不仅
能使文句层次分明，停顿合理，语气顺畅，还会起到强化感
情、画龙点睛的作用。如果运用不当，甚至会造成误解，闹出
笑话。书写格式、行文款式在修改时也要一并注意。

　　当然，除去上述的种种，还有问题需要修改的，要结合具
体文章，适当处理。

　　对文章修改时，要善于发现问题。

　　诵读法是非常有用的一种方法。文章写完后，先自己读一
下，也可以同学之间互读，在读和听的过程中，文章就会高下
自明、瑕瑜互见，一些明显的错误会显现出来，包括语法错
误、漏字掉词、笔误手误等。这与我们平常学习长期形成的语
感、语调有关。读来顺口顺调的，听着入耳悦耳的，一般是较
好的作文；反之，语感生涩凝滞，语调拗口失当，则不好，需
要进一步修改提高。

　　托尔斯泰说："我同一切的作家一样，朗声读着句子。不
曾如此操作的人，希望他们也去试试看。""我想朗声读着句
子，是工作的很主要的一部分，而且也是畅快的一部分。可以
这样读：读得使一切错处，都被你的吟咏掩盖起来；也可以那
样读：读得因为发觉了错处，所以声调才不真起来。"①

　　还可以采取搁置法。一篇作文写完，先暂时放一放，冷却

① 沐绍良，方健明. 写作指引［M］. 郑州：文心出版社，2019：21.

一下，过一段时间再拿出来修改，也能够发现当初写作时存在的问题。也可以采取互助法，邀请同学帮助自己把关批改。同学之间进行互相批改，可以在修改中彼此学习，相互比较，共同提高。这些都是修改文章的好方法。至于作文发下来老师的批改与点评，则更要细细阅读后对作文进行誊改。长期坚持，自己的作文水平和修改水平都会有很大程度的提高。

　　叶圣陶先生说："写完了一篇东西，看几遍，修改修改，然后算数，这是好习惯。认真的人，文章写得好的人，大都有这种好习惯。"①

　　文章不厌百回改。在尊重文章修改逻辑的基础上，先"意"后"言"，立足整体，着眼局部，方法得当，就会越改越好，越改越精。我们平常在作文时，一定要养成认真修改文章的好习惯。修改时要抱着严肃认真的态度，舍得花功夫，做到修改细心周密，仔细斟酌。在修改时，首先要把文章改得通顺流畅。在此基础上再进行加工润色，达到好上加好，精益求精。当然这是更高的要求了。把基础阶段的修改工作做好了，基本的修改方法掌握牢固了，首先把文章改"对"了，再经过润色加工，把文章改"好"的任务就顺理成章，容易多了。

---

　　①　叶圣陶. 修改是怎么一回事［J］. 语文世界，2018（11）：13.

第十七讲　习惯养成

习惯的养成绝非一日之功，需要经年累月培养。"少成若天性，习惯如自然。"要想写好作文，尤其要从少年时代起，就注重良好写作习惯的养成。良好的写作习惯涉及多个方面，主要包括：善于感受和思考的习惯、勤于积累的习惯、多读书的习惯、勤动笔的习惯、一气呵成的习惯、修改润色的习惯、工整书写的习惯、正确使用标点符号的习惯，等等。

一、善于感受和思考是首先要养成的习惯

作文需要素材，素材来自生活。要对社会生活进行客观真实的反映，表达自己想要说的主要意思，就要养成善于感受和思考的习惯。感受常和观察紧密联系。观察的目的是着眼客观存在，获取外界信息，这离不开多个感觉器官的参与。感受是在观察生活的基础上，做一个有心人，注重内心的情感体验。积极、能动的观察习惯与善于捕捉自己内心微妙的情感体验习惯养成了，不但可以大大丰富写作素材，还可以使情绪与情感的表达更为细腻、独特，使写出的文章更为深邃、丰厚。

到此一游

王越

晚上清理书柜时，偶然翻到一本书，其中有几页破破烂烂、皱皱巴巴的。仔细一想，好像是很久以前小狗淘气时的杰作。那时我很生它的气，指着它的小脑袋责备了很久，直到它夹着尾巴灰溜溜地躲起来为止。

后来有一天，小狗不见了，起初我还固执地留着它的小窝和餐盘，执拗地认为它还会回来。可是渐渐地，家里它的气味淡了，它咬坏的东西丢了，甚至于一天中午回家，我发现阳台上放狗窝的角落也空了。那一瞬间我觉得心里空荡荡的满是失落。小狗啊，你来过吗？你在我的生命中存在过吗？记忆告诉我，是的。可现实中却找不出任何痕迹了。我突然明白了为什么当初小狗那么执着地在凡是它能够触及的地方又抓又咬，它是在努力地留下证据，它在急切又认真地对我喊："越，我存在过呢，我到过这个世界上，我出现在你的身边过呢！"

院子里一个墙角夏天时开过一朵漂亮的小花，现在凋零枯萎，只余下孤单的泥土了；隔壁去年住过一个乖巧可爱的小妹妹，现在搬走了；校园操场上有三棵我很喜欢的白杨树，新修操场时被砍倒了，连根都挖走了；我所居住的城市，也在一天天扩建翻新中变得有几分陌生了。那些我曾经看过、爱过的花儿、树儿、鸟儿，那些在我身边笑过哭过的人，那些在我指缝间流逝的岁月，悄然无声地散落不见，只是在我记忆的湖中荡了一圈圈怅惘的涟漪，却什么痕迹也没留下。有时，这竟会让我错愕：那些生灵真的来过么？抑或只是我的一枕黄粱？

暑假时去登长城，那些青灰色的古砖上有人刻字，或深或浅，或大或小。看到有人刻"×××到此一游"，若是以前我定会嗤之以"没素质"三个字以示鄙视，现在的我却默然了。天地浩大，时空辽阔，人，真的不过是"沧海之一粟"。声名显赫又如何，腰缠万贯又怎样，学富五车亦如何？在浩瀚宇宙博大世界面前，我们终将作古，沉睡于滚滚黄沙之下。可是，我们是不甘心的吧？我们是不服气的吧？我的指尖抚过那些刻痕，它们何尝不是一种抗争，一种呐喊呢？何尝不是在努力地证明："世界呀，我到你这里来过了；世界啊，我曾到此一游！"

那位印度老诗人，在他的诗笺上写道："世界啊，当我死时，请替我留着'我已爱过了'这句话吧。"我喜欢作这样的解读：因为我来过这个世界，我爱过这个世界，所以当我离开时，不觉遗憾，而是一种功德圆满。"

"天空不留鸟的痕迹，但我已飞过。"没有痕迹，就意味着不存在吗？不，不是。最起码，蓝天白云清风知道我飞过，这，就足够了。

那些曾经出现在我生命里的花儿，就算时光冲淡了你们的气息，卷走了记忆，风化了镌刻的言语，你们在我心里却会永远鲜活清晰，深刻隽永。因为你们，我的人生不一样了，整个世界整个宇宙都充满温柔。

那青砖上的"到此一游"终会化为风尘，正如走在时光里的我一样。但没关系，时光会记得我来过。愿多年后有人偶然触到我写在时光里的诗句，终会叹息一声："这是一颗怎样的心啊！"

　　王越同学的这篇作文看似是随意散漫的闲笔，是自由无拘的心绪游走，但如果仔细品味，却会发现作者独特的感受和思考。题目《到此一游》是起笔的由头，在行文中，住家的一只小狗，墙角的一朵小花，隔壁搬走的小妹妹，操场上被砍的白杨树，被人刻字的青灰古砖……这些为小作者所看过、爱过的一花一树、一草一木，所记忆的一刻一瞬、一点一滴，虽是生活中的零零碎碎，却敲打着写作者的心灵，引发作者对人生有关的别样思考。琐细的生活因着感受的细腻，平淡的日子因有思考的介入，便显示出思想的力量，文章的深度和广度得以大大拓展。由此看来，只要做有心人，就能从生活中抓取写作材料；只要善于做一名敏锐的感受者和思考者，就能对材料进行升华，写出有个性、有创新的作文。

二、勤于积累的习惯无可替代

　　积累包括多个方面。

（一）素材积累要放在第一位

　　要把通过观察、读书、实践等活动得到的素材有效储存起来，作文的时候调动运用材料就方便得多了。分门别类进行整理，制作知识小卡片，使用电子终端进行电子储存，甚至通过大量阅读形成粗略记忆等，都是积累素材的好方法。素材积累得越多，写作时筛选可用的材料的余地也就越大，作文时的反向阻力就会小很多。作文时，对这些素材进行筛选，围绕要写的文章中心进行安排，素材就变为有用的材料了，就成了文章的题材。一时用不到的素材暂时保存，留待后来合适时机使用。

作家韩石山少时即喜欢读书，"因为家里条件比较好，养成了买书的习惯"。在运城康杰中学读书时，家里给的钱多，"除了买些好吃的，然后就是买书"。他"家里的书大概有 1 万册，看过的大概 2000 册，翻过的大概有 2000 册，没有动过的，大概有 3000 册"，"事实上，有的书就是备查的"①。

有一次，他需要在三个月的时间内写出一本二十五六万字的关于鲁迅的书，书名是《少不读鲁迅，老不读胡适》。这对于大多数人来说是绝对不可能完成的，但是，写作任务又必须得完成。

"怎么办呢，先做了一个提纲，再看资料。

"好在我爱买书，尤其是爱买现代文学史上，关乎历史事件、人际纠葛的书。再就是，爱买大套的书，《鲁迅全集》《闻一多全集》这类名家的全集不用说了，就是《俞平伯全集》《朱自清全集》《潘光旦全集》这些书全都有。这些书，也不是全都看了，顶多只是挑自己喜欢看的部分看看。比如《朱自清全集》，就把日记部分看了。

"这就要说到怎么读书了。

"读书，一定要当做闲书读。就是要有兴趣，觉得有意思，不能把读书当成苦差事。为什么现在的硕士生、博士生，这些孩子出来以后水平不够？因为他上了博士、硕士以后，他的导师才说，你的研究方向是什么，比如说是晚清的戊戌变法，这个时候，他才开始去找戊戌变法的书，才去找戊戌变法的论文

---

① 韩石山. 读书与写作——在山西省图书馆的演讲［J］. 山西文学，2019(1)：86

去看，然后写成一篇硕士论文，或者博士论文。这样的出来的，不会知道那些犄角旮旯里的事，也就不会从世道人心这个层面认识历史事件。我看书不是这样，我从'文革'的时候，就喜欢看写上世纪 30 年代事情的书。

"这样就知道，写《少不读鲁迅，老不读胡适》这样的书，对我来说，不是什么难事了。真的用了不到三个月，就写成了。

"怎么写呢？当时已经用上电脑，我把提纲列进去，然后需要什么材料，知道在哪本书上，就去查哪本书。全是自己的书，大多是看过的，很好找，一下就翻出来了，拿铅笔勾画一下，夹上个纸条，全家动手，分头录入。有的是引语，剪贴过来就是了；有的是转述，改换一下人称，就是自己的话了。当然，一些主要的观点，是我过去就有的，只是让它们条理化，论证更充分些。写成给了儿子，经过他的一番运作，2005 年 10 月，中国友谊出版公司正式出版了，一下子就印了一万多册。过了几年，陕西人民出版社又出了一版。

"这就是《少不读鲁迅，老不读胡适》的写作出版经过。"①

韩石山先生当初在买书读书时，并非专门为了研究鲁迅，而是本着自己的兴趣，加上长期爱买爱读现代文学史上有关历史事件与人际纠葛内容的书，积累了大量的素材。这些丰厚的素材在当时并没有被立即用上，却沉淀下来，成为丰厚的资料宝库。待写作要用时，真是手到拈来，得心应手，写出来的书

---

① 韩石山. 读书与写作——在山西省图书馆的演讲［J］. 山西文学，2019（1）：86-87.

还再次重印，成为畅销书。韩石山先生读书的方法、积累材料的方法、写作的方法等，虽然是从作家创作的角度谈的，但是对于中学生而言，同样具有非常高的借鉴和启发意义。

（二）注重语言积累

写作是以文字为载体，是要通过书面语言进行意义与价值表达的。语言文字是写作最重要的物质符号，脱离文字，作文就无法进行。要注重对语言这种文章建筑材料的积累。积累语言要多读。多读书是很重要的。书籍是人类智慧和知识的结晶，尤其是经典之作，更凝聚着前人对宏观、微观世界进行的探索和思考，展现了广阔时代的风云变幻与个人世界的幽微感慨，能够整本阅读是最好不过的了。好的书籍，不仅可以使人获得知识，开阔视野，更可以影响人的行为，培养良好人格，改变人的态度，转换别样的生活方式，还能够丰富阅读者的情感，养成高尚的道德情操与良好的审美鉴赏能力。朱光潜先生在《资禀与修养》一文中精辟地写道："培养人格是一套功夫，对于一般人生世相积蓄丰富而正确的学识经验又另是一套功夫。这可以分两层说。一是读书。从前中国文人以能熔经铸史为贵，韩愈在《进学解》里发挥这个意思，最为详尽。读书的功用在储知蓄理，扩充眼界，改变气质。读的范围愈广，知识愈丰富，审辨愈精当，胸襟也愈恢阔。"[①]

熟读亦不可忽视。读书时，会积累、汲取语言、语感、素材、思想、感受，这些多重收获会同步或非同步发生作用，有

---

① 朱光潜. 资禀与修养［M］//谈美　谈文学. 桂林：广西师范大学出版社，2020：171.

时无声无息，连阅读者自己也无从察觉，但已潜移默化地在读书人的头脑中累积、存贮、发酵。写作一旦开始，对应的这些素材就会接踵而至，迸发而出。这时，根据作文需要信笔拈来，或陈述，或说明，或议论，或抒情，笔到字到，字到文成，自然为我所用。

（三）丰富思想积累

观物时脑中一闪而过的佳言妙语，情感波动时些微触动的内心波澜，积极思考中不时涌现的思想火花等，都要及时捕捉，赶快记录下来，否则转瞬即逝，过目即忘，到用时根本想不起来。常言说，好记性不如烂笔头。口袋里常装纸和笔，对新想法、新念头尽量做到随时记录、赶快记录，是丰富思想积累的好办法。

三、勤动笔的习惯要好好培养

常言道，光说不练，等于放空炮。作文也是这样，光读不写，等于没入门。

首先，要注重日常练笔。

勤写勤练是写好作文的重要法宝。课程标准中规定的作文次数必须认认真真完成，毫无讨价还价的余地；老师布置的课外练笔，也要不折不扣地去写。仅仅做到这些规定动作还远远不够，想要练就一套真正的写作好功夫，自己一以贯之、恒久持之的主动写作练笔必不可少。日子在一天天往前走，自己的生活也在起着或多或少的变化。有谁能说自己的今天是对昨日的复制？阳光明媚与风雨骤来时骑着单车上学时的甘苦恐怕截然不同吧？在逗趣妈妈买来的螃蟹时是否被蟹钳夹住手指而大呼小叫？在第一次观察显微镜下的细菌时难道没有惊奇万分？对那些有着"十全武功"的同学敢说不佩服得五体投地？类似的生活小事简直数不胜数，让你说上一天一夜你还是滔滔不绝，兴味盎然。这些看似微不足道的正是写作时最鲜活、最珍贵、最独特的，因为这些"小"中蕴着情，藏着理，透着趣。那就赶快把这些小事件、小情绪、小感受写下来，哪怕是一个片段也好，点滴记录也罢，日记、便笺、读书随笔都行，不拘内容、不限形式，先写下来为要。这些日常练笔对于日后写好作文一定能起到很大的帮助。

张中行先生在谈到多读多写的重要性时说道："我还记得老师行辈中的一些人，他们亲口说，'多年了，工作之暇，如果眼前没有书，手里没有笔，总觉得没着没落。'就这样，他们有的未及上寿，一生却读了古今中外无数著作，写了上百万字。他们没觉得烦腻，反以为乐，原因就是多年如此，成了难于改变的习惯。准此理，多读多写并非难事，办法是养成习惯，使之成为乐趣。这在最初或者要努一把力，譬如说，无论如何忙，每天总要挤出一定的时间，比如三五十分钟吧，读，写。日久天长，少则一年两年，多则三年五年，读多了，所得之中会逐渐生出需要，生出乐趣；写多了，难化为易，也会感到有所得，因而也就有了需要，有了乐趣。及至感到需要，感到乐趣，说句夸张的话，你就是想戒除，恐怕也难于做到了。"[①] 多读多写的好习惯一旦形成，作文的兴趣就培养起来

---

① 张中行. 作文杂谈［M］. 北京：开明出版社，2021：39-40.

了，写作的水平也就会渐渐提高。

其次，勤动笔还要写"放胆文"。

有的同学总怕写不好，说自己不是不勤写，是没啥写，不敢写。一开始写作文，总会遇到"巧妇难为无米之炊"的困难，这其中有材料、情感积累不足的因素，也有不敢大胆写的因素。前面已经谈了积累材料的方法，作文时，只要你敢于放手写、大胆写，笔头就会渐渐如汩汩泉涌涌动不已，思路也会车行路宽自然顺畅，心中的所想、所感、所悟也会灵感迸发，文若春华。

作家巩孺萍在谈到自己什么时候开始喜欢写作的时候记叙了这样一件事：

"上小学的时候，有一天，邻居家叫王坦的女孩收到了一封报社来信。这个消息在不大的农场如一阵风一般迅速传开了。我清楚地记得她从邮递员手里接过信时那种得意扬扬的神情。'是报社来的信嘛！'大人们凑过去啧啧地赞叹。'王坦姐，里面写了啥？'我和丫头们围着她问。'当然是我的文章发表的事情！'王坦故意抬高声音。大人们不住点头：'这丫头有出息！'但王坦并没有当着大家的面拆开信，而是一溜烟儿跑回家，'嘭'地关上了门。

"信里到底写了什么呢？她的文章到底发表了没有？接下来的很多天，那封信像谜一样缠绕着我。但王坦好像什么也没发生，照样蹦蹦跳跳，只是，她身上仿佛多了一层光环。要是我也能收到报社的信就好了！望着她神气的身影，小小的我心里充满了羡慕。

"于是我也开始埋头搞起了'创作'。记得我写的第一篇习作是讲一个叫王小二的男孩赶集的事情。文体嘛像个顺口溜。内容？对不起，我早忘光了。写好后，我央求父亲贴上 8 分钱邮票。那时家里穷得连根冰棍也舍不得买，结果被父亲嘲弄了一番，母亲却很支持我。信寄了出去，苦苦等了几个月，我的那篇文章如石沉大海一般，杳无消息。小时候那个虚荣的梦就这样破灭了。后来听王坦的爸爸说，王坦收到的只是一封退稿信。

"二十多年过去了，今天的我不知道收到多少退稿信和用稿信，但当年那封信却依然无法忘却。正是从那时起，一种对作家近乎崇拜的心理开始在我心里萌芽，同时激励着我怀着一颗敬畏的心开始写作。"①

作家叙述的虽然是喜欢写作的缘起，但其中讲到"不知道收到多少退稿信"的经历，却是自己勤于练笔的有力说明。如果没有多写作多投稿，用稿信自然是不会有的。已经获得冰心儿童文学新作奖、首届中日友好儿童文学奖等多个奖项的巩孺萍老师，其创作的儿童诗、绘本等优秀儿童读物，不仅深受国内少年儿童读者的欢迎，多部作品还被翻译为英、法、俄、阿拉伯、越南、土耳其等多种语言在海外出版。由此可以看出，勤练笔，哪怕一开始写得不够好，只要大胆写，铢积寸累，久久为之，不仅能够养成勤动笔的好习惯，还可以大大提高写作水平。

在练笔动笔时，想一想再写，往往比提笔就写更能写出好

① 巩孺萍. 一封退稿信 [J]. 作文，2019 (11)：18-19.

作文。尤其是中学生还处于为写作打基础的阶段，更要先想后写，认真构思，养成整体构思的习惯。整体构思时，可着重构思主题提炼、材料选择、文体选择、组织结构及表达方式等。列提纲是思路明晰的重要方法，列好的提纲犹如一张设计规划图，依此作文写起来就容易了。

四、作文时最好养成一气呵成的习惯

好文章常气贯长虹，一言到底。鲁迅先生在 1935 年 11 月 25 日《致叶紫》的信中写道：

"你还是休息一下好。先前那样十步九回头的作文法，是很不对的，这就是在不断的不相信自己——结果一定做不成。以后应该立定格局之后，一直写下去，不管修辞，也不要回头看。等到成后，搁它几天，然后再来复看，删去若干，改换几字。在创作的途中，一面练字，真要把感兴打断的。我翻译时，倘想不到适当的字，就把这字空起来，仍旧译下去，这字待稍暇时再想。否则，能够因为一个字，停到大半天。"①

写时时断时续，会使文章文气松散，前后不一。依据所列提纲，行文时屏气凝神，满怀激情，快写连写，一气呵成。写时如能把落实整体构思和具体细微表达结合起来当然更好。若只是尚无找到最妥帖应用的语言、局部细节处理的最恰当方法等，可以暂时不用一味考虑细微末节之处，语言的优美与文采也可放在写完再行润饰。只要紧紧把握文章的中心，对全文的

---

① 鲁迅. 致叶紫［M］//鲁迅全集：第十三卷. 北京：人民文学出版社，2005：590.

形象有统一考虑，就可以全神贯注一笔而下。实际上，只要有材料，有体验，有构思，有真情，写作时自然情从自出，语从己来，个性独具，一气呵成倒不是难办之事了。

五、修改作文的习惯当然也至关重要

梁实秋先生在《作文的三个阶段》一文中对"似乎尚大有改进的余地"的作文，提出了自己的看法："作文知道割爱，才是进入第三个阶段的征象。须知敝帚究竟不值珍视。不成熟的思想，不稳妥的意见，不切题的材料，不扼要的描写，不恰当的词字，统统要大刀阔斧地加以削删。芟除枝蔓之后，才能显着整洁而有精神，清楚而有姿态，简单而有力量。所谓'绚烂之极趋于平淡'，就是这种境界。"①

看来，修改对于提升文章的艺术性是必须历经的阶段，修改的习惯也要不断习得培养。

好的写作习惯对于提高写作水平非常重要。这里仅列出了较为重要的几个方面。在实际的写作训练中，大家可结合自己的作文实际，积极实践，不断摸索其他有助于提升作文能力的心得经验、方式方法。一些好的做法可以上升到习惯层面，首尾一贯加以长期坚持，对作文是有百利而无一害的。

---

① 语文（必修5）[M]. 北京：人民教育出版社，2006：85.

第十八讲 读书方法

教育部制定的《普通高中语文课程标准（2017 年版）》，在"课程内容"一章中的课程结构组成上，必修课程、选择性必修课程、选修课程合计设置了 18 个学习任务群。尤其是在必修课程的结构组成上，7 个学习任务群中就有 5 个与"阅读"有关，它们是："整本书阅读与研讨""跨媒介阅读与交流""文学阅读与写作""思辨性阅读与表达""实用性阅读与交流"。其中对每一个学习任务群都规定了具体的学习目标与内容。

学习任务群 1 整本书阅读与研讨

本任务群旨在引导学生通过阅读整本书，拓展阅读视野，建构阅读整本书的经验，形成适合自己的读书方法，提升阅读鉴赏能力，养成良好的阅读习惯，促进学生对中华优秀传统文化、革命文化、社会主义先进文化的深入学习和思考，形成正确的世界观、人生观和价值观。

本任务群的学习贯串必修、选择性必修和选修三个阶段。

1. 学习目标与内容

（1）在阅读过程中，探索阅读整本书的门径，形成和积累自己阅读整本书的经验。重视学习前人的阅读经验，根据不同的阅读目的，综合运用精读、略读与浏览的方法阅读整本书，读懂文本，把握文本丰富的内涵和精髓。

（2）在指定范围内选择阅读一部长篇小说。通读全书，整体把握其思想内容和艺术特点。从最使自己感动的故事、人物、场景、语言等方面入手，反复阅读品味，深入探究，欣赏语言表达的精彩之处，梳理小说的感人场景乃至整体的艺术架构，理清人物关系，感受、欣赏人物形象，探究人物的精神世界，体会小说的主旨，研究小说的艺术价值。

（3）在指定范围内选择阅读一部学术著作。通读全书，勾画圈点，争取读懂；梳理全书大纲小目及其关联，做出全书内容提要；把握书中的重要观点和作品的价值取向。阅读与本书相关的资料，了解本书的学术思想及学术价值。通过反复阅读和思考，探究本书的语言特点和论述逻辑。

（4）利用书中的目录、序跋、注释等，学习检索作者信息、作品背景、相关评价等资料，深入研读作家作品。

（5）联系个人经验，深入理解作品；享受读书的愉悦，从作品中汲取营养，丰富自己的精神世界，逐步形成正确的世界观、人生观和价值观。用自己的语言撰写全书梗概或提要、读书笔记与作品评介，通过口头、书面形式或其他媒介与他人分享。

学习任务群3　跨媒介阅读与交流

本任务群旨在引导学生学习跨媒介的信息获取、呈现与表达，观察、思考不同媒介语言文字运用的现象，梳理、探究其特点和规律，提高跨媒介分享与交流的能力，提高理解、辨析、评判媒介传播内容的水平，以正确的价值观审视信息的思想内涵，培养求真求实的态度。

本任务群的学习贯串必修、选择性必修和选修三个阶段。

1. 学习目标与内容

（1）了解常见媒介与语言辅助工具的特点。掌握利用不同媒介获取信息、处理信息、应用信息的能力。学习运用多种媒介展开有效的表达和交流。

（2）知道信息来源的多样性、真实性，辨识媒体立场，多角度分析问题，形成独立判断。

（3）关注当代网络文学和网络文化，坚持正确的价值导向，辩证分析网络对语言、文学的影响，提高语言、文学的鉴赏能力。

（4）建设跨媒介学习共同体，丰富语文学习的手段。

学习任务群5 文学阅读与写作

本任务群旨在引导学生阅读古今中外诗歌、散文、小说、剧本等不同体裁的优秀文学作品，使学生在感受形象、品味语言、体验情感的过程中提升文学欣赏能力，并尝试文学写作，撰写文学评论，借以提高审美鉴赏能力和表达交流能力。课内阅读篇目中中国古代优秀作品应占1/2。

1. 学习目标与内容

（1）精读古今中外优秀的文学作品，感受作品中的艺术形象，理解欣赏作品的语言表达，把握作品的内涵，理解作者的创作意图。结合自己的生活经验和阅读写作经历，发挥想象，加深对作品的理解，力求有自己的发现。

（2）根据诗歌、散文、小说、剧本不同的艺术表现方式，从语言、构思、形象、意蕴、情感等多个角度欣赏作品，获得审美体验，认识作品的美学价值，发现作者独特的艺术创造。

（3）结合所阅读的作品，了解诗歌、散文、小说、剧本写作的一般规律。捕捉创作灵感，用自己喜欢的文体样式和表达方式写作，与同学交流写作体会。尝试续写或改写文学作品。

（4）养成写读书提要和笔记的习惯。根据需要，可选用杂感、随笔、评论、研究论文等方式，写出自己的阅读感受和见解，与他人分享，积累、丰富、提升文学鉴赏经验。

学习任务群6　思辨性阅读与表达

本任务群旨在引导学生学习思辨性阅读和表达，发展实证、推理、批判与发现的能力，增强思维的逻辑性和深刻性，认清事物的本质，辨别是非、善恶、美丑，提高理性思维水平。课内阅读篇目中中国古代优秀作品不少于1/2。

1. 学习目标与内容

（1）阅读古今中外论说名篇，把握作者的观点、态度和语言特点，理解作者阐述观点的方法和逻辑。阅读近期重要的时事评论，学习作者评说国内外大事或社会热点问题的立场、观点、方法。在阅读各类文本时，分析质疑，多元解读，培养思辨能力。

（2）学习表达和阐发自己的观点，力求立论正确，语言准确，论据恰当，讲究逻辑。学习多角度思考问题。学习反驳，能够做到有理有据，以理服人。

（3）围绕感兴趣的话题开展讨论和辩论，能理性、有条理地表达自己的观点，平等商讨，有针对性、有风度、有礼貌地进行辩驳。

学习任务群7　实用性阅读与交流

本任务群旨在引导学生学习当代社会生活中的实用性语文，包括实用性文本的独立阅读与理解，日常社会生活需要的口头与书面的表达交流。通过本任务群的学习，丰富学生的生活经历和情感体验，提高阅读与表达交流的水平，增强适应社会、服务社会的能力。

1. 学习目标与内容

（1）学习多角度观察社会生活，掌握当代社会常用的实用文本，善于学习并运用新的表达方式。

（2）学习运用简明生动的语言，介绍比较复杂的事物，说明比较复杂的事理。

（3）具体学习内容，可选择社会交往类的，如会谈、谈判、讨论及其纪要，活动策划书、计划、制度等常见文书，应聘面试的应对，面向大众的演讲、陈述和致辞；也可选择新闻传媒类的，如新闻、通讯、调查、访谈、述评，主持、电视演讲与讨论，网络新文体（包括比较复杂的非连续性文本）；还可选择知识性读物类的，如复杂的说明文、科普读物、社会科学类通俗读物等。

明确了五类阅读学习任务群的目标和内容，结合其他学习任务群的学习，按照老师的要求和指导，借助有关工具书，长期坚持阅读，不断拓宽阅读视野，丰富自己的阅读实践，积极探索适合自己的读书方法，阅读、鉴赏、写作的能力就会大大提升。

我们还可以看到，每一个任务群的目标，阅读与表达的目标与任务都紧密联系。是啊，读和写本来就互相缠绕，阅读从来都不是对外在信息的单向度汲取与机械输入，而是为了"表达"的阅读，为了"写作输出"储备能量。"写"是阅读后的书面表达，是读的高级呈现形式和表现状态。所以说，提升语文核心素养，多读书是核心枢纽，是机要机关。我们要真正做到读书为本，读书为要，读书为上。

《普通高中语文课程标准（2017 年版）》第四章"课程内容"第二节的"学习要求"设置中，对语文必修课程的 6 条学习要求提的非常明确，其中前 3 条要求如下：

"1. 多读多想多写，多角度地观察生活，多方面地增进语文积累，丰富自己的精神世界、生活经历和情感体验，完善自我人格，提升人生境界。培养广泛的阅读兴趣，努力扩大阅读视野。学会正确、自主地选择阅读材料，读好书，读整本书，多媒介获取信息，提高文化品位，提高阅读与表达能力。必修阶段各类文本的阅读量不低于 150 万字。学会灵活使用常用语文工具书和网络，检索所需的信息和资料。学会以多种形式表达和交流自己对自然、社会与人生的感受和思考。

"2. 发展独立阅读的能力。灵活运用精读、略读、浏览等阅读方法，从整体上把握文本内容，理清思路，概括要点，理解文本所表达的思想、观点和感情。努力从不同的角度和层面进行阐发、评价和质疑，对文本作出自己的分析判断。能借助注释和工具书，阅读中国古代作品，读懂文章内容，背诵一定数量的名篇。注重个性化阅读，学习探究性阅读和创造性阅读。养成相互切磋的习惯，乐于与他人交流自己的阅读鉴赏心得，展示自己的学习成果。

"3. 阅读实用类文本，能准确、迅速地把握主要内容和关键信息，对文本所涉及的材料有自己的思考和评判。阅读论述类文本，能准确把握和评价作者的观点与态度，辨析观点与材料（道理、事实、数据、图表等）之间的联系。阅读古今中外文学作品，注重审美体验，能感受形象，品味语言，领悟作品的丰富内涵，体会其艺术表现力；努力探索作品中蕴含的民族心理和时代精神，了解人类丰富的社会生活和情感世界，增强民族文化自信。"[1]

阅读对于语文学习过程中的体验感受能力、梳理探究能力、思维拓展能力、表达交流能力、审美感知能力的提升都至关重要，所以，对阅读的奠基作用怎么强调也不过分。2017版的普通高中语文课程标准，无论是从学习任务群设置讲，还是从必修课程学习要求讲，都更加鲜明地体现了这一特点。新课程标准阅读教学的广度大大拓展，深度持续加深，对教学阅读的重视程度相较以往无以复加。

同时，阅读尤其对于写作，对于运用书面语言进行自主、

---

[1] 中华人民共和国教育部制定. 普通高中语文课程标准（2017 年版）[M]. 北京：人民教育出版社，2018：32-33.

自由表达实在是太重要了，以至于在老师教习作文时，常常把
"多读多写"连在一起并行强调。既然阅读的作用举足轻重，
读书又是进行兹事体大、事关本宗的这一阅读活动的最重要任
务，那么，了解掌握一些有益、有用的读书方法，就不为多余
而且必要。这也是在这本主要讲作文的小册子中特列一章谈谈
读书方法的初衷。

读书的方法很多：精读、朗读、默读、快速阅读、跳读、
熟读、略读、浏览、比较阅读、边思边读等。下面选择几种常
用的简要说明。

一、关于精读

精读重在"精"字。强调阅读的精致细密。阅读过程中，
要求指向精确，对精微深奥的内容能够透彻深入理解，更加注
重细腻、深刻的内心阅读感受。

精读内含"细"义。对于感兴趣之处、共鸣之处会反复品
味，对于感同身受的会细细咀嚼，与自己过往经验有所重合的
会广泛联想，驰骋想象，能够极大丰富阅读的体验和美感。

精读关联"思"义。由精读达到贯通文本，进行深思，能
与作者进行更高精神层面的交流。对书中的精华之处、精蕴内
涵，深入思考，摘录批注、点评勾要、概括提升，形成自己的
独特理解。

精读实际上就是鉴赏。它绝不流于表面，不在文字内容的
肌肤表面游走，而是深入其中，涵泳品味，甚至把自己浸染湿
透，设身处地、感同身受地进行体验、想象，期望入骨入髓，

直至内里。譬如，精读一首诗，可以通过多次细读，对其诗情与诗理、文气与诗心、情怀与理想、具象与抽象、意象与意境、格调与节奏、结构与形式、明白述说与言外之意，等等，都可揣摩体度。再聚焦一些，只谈一首现代诗歌的表现形式，就要对它的诗句分行、音韵转换、排比复沓、修辞手法、气韵通贯等进行精读细品，把握诗歌外在表现形式与诗人内在情感之间的复合融合作用，理解形式美的独立性和功能性。

这已经不是简单的阅读，而是一般阅读的进阶、升位，已经进入文学鉴赏的层级。有了这样的精读，不仅掌握了诗歌的体裁特点，可能还会增加读诗写诗的兴趣，提高文字运用的水平。由此，读与写就紧密关联起来了。

不同的内容、体裁，精读时要把握的重点不同。但是，不管何种情况，精读对于读和写的功用都是不可小觑的。

在快节奏的现代生活步调中，要求对手头的书籍部部精读是不可能的，一个人的时间、精力总是有限的。有时为了在短时间内掌握一部作品的主要内容，就需要采取与精读相对应的跳读方法，对作品的关键之处、精彩内容、重要段落进行选读跳读。那些与自己的阅读目的关联不大的，一时自己觉得枯燥的，不感兴趣的，等等，就可以跨过不读。实际上，在阅读一本书的过程中，精读和跳读可以并行不悖，交替进行。从阅读目的看，精读与跳读都是为了抓住最重要的内容，这一点上是有着共通之处的。只不过，精读是更为深入阅读把握精髓，跳读是主动舍弃枝节掌握要点。从提高阅读效率的角度看，两者如果结合得好，可以收到事半功倍的效果。

　　精读时采用一些方法，可以将书读得更深、更透。可以批注、勾画，对阅读过程中觉得是重点、难点的内容进行圈画，生发的体会思考写在卡片上或书页的空白之处。可以摘录选抄，对精彩词语、句子、段落、细节描写，根据自己的需要或兴趣进行摘选，形成摘抄笔记，以供学习、借鉴。可以写出一本书的书目提要。书目提要就是用精练概括的语言，准确明晰地提炼全书的基本内容或要点。提要的表现形式不一，可以为主要内容概括，可以为书目分级提纲，可以为思路结构图表，还可以是文字简要总结。提要可以写出自己在精读过程中产生的心得体会、感想收获。心得可以是零碎的，也可以是较为系统的。在内容上，针对作品中的人物、情节、情感、思想等某一角度、某一方面，都可有感而发；在艺术上，可以从作品的写作手法、行文风格、艺术特点等某一方面、某一个点发表评价。只要力所能及，也可以对整体作品进行评价鉴赏。

　　在精读过程中，圈点、摘录、做笔记、写心得等方法常常相互结合在一起，不会截然分开。关键信息摘抄组合在一起，就是一篇书目提要；对圈点之处的批注，稍加整理就是读书心得。精读深思、熟读深思、边读边思，都是把书读精的有益方法。

　　顾炎武的《日知录》，钱锺书的《谈艺录》，都是读书笔记的经典之作，原为自己使用，因做得极有价值，成为了经典著作，为他人提供了学习参考的重要资料。

　　胡适先生在《读书》一文中，对精读的方法做了精到的讲解，尤其是其提到"眼到，口到，心到，手到""四到"读书法，更是具有普遍的指导性。先生认为，"眼到是要个个字认得，不可随便放过。这句话起初看去似乎很容易，其实很不容易。读中国书时，每个字的一笔一画都不放过。"① "口到是一句一句要念出来。前人说口到是要念到烂熟背得出来。我们现在虽不提倡背书，但有几类的书，仍旧有熟读的必要；如心爱的诗歌，如精采（今写作'精彩'）的文章，熟读多些，于自己的作品上也有良好的影响。读此外的书，虽不须念熟，也要一句一句念出来，中国书如此，外国书更要如此。念书的功用能使我们格外明了每一句的构造，句中各部分的关系。往往一遍念不通，要念两遍以上，方才能明白的。读好的小说尚且要如此，何况读关于思想学问的书呢？"② "心到是每章每句每字意义如何？何以如是？这样用心考究。但是用心不是叫人枯坐冥想，是要靠外面的设备及思想的方法的帮助。"③ "读书要求心到；不要怕疑难，只怕没有疑难。工具要完备，思想要精密，就不怕疑难了。"④ "手到就是要劳动劳动你的贵手。读书单靠眼到，口到，心到，还不够的；必须还得自己动动手，才有所得。"⑤

如果阅读过程中把胡适先生说的这"四到"做到位了，读书的"精"的要素和"精"的程度也就实现了。

精读与略读也有关联。在熟读、精读了某一类的文章后，

① 胡适. 读书［M］//胡适文集 4. 北京：北京大学出版社，2013：111.
② 胡适. 读书［M］//胡适文集 4. 北京：北京大学出版社，2013：112.
③ 胡适. 读书［M］//胡适文集 4. 北京：北京大学出版社，2013：112.
④ 胡适. 读书［M］//胡适文集 4. 北京：北京大学出版社，2013：113.
⑤ 胡适. 读书［M］//胡适文集 4. 北京：北京大学出版社，2013：113.

掌握了此类文章的写作特点，就可以举一反三，借此推广，延及同类，去略读其他同类文章。

略读重在"粗"，侧重粗知大意，观其大略，知其梗概，不再字斟句酌。略读时明确目的，确定重点，有助于提高速度。有时略读一遍后，如果感觉对文章的主要内容尚未准确把握，可以在略读的基础上再次细读，这样放慢速度边读边思，可以收获独到的阅读心得，对内容的理解和文章的表达也会留下更加深刻的印象。

二、关于快读

快读就是快速阅读，目的在于尽快知晓全书内容。

快读常常采用默读的方法。譬如，在课堂预习时，老师要求快速阅读一篇课文，这时就要聚精会神，不停不辍，一气读完，大致了解文章主要意思。对于在阅读过程中遇到的生词、生字，或碰到暂时不能深刻理解的地方，也不要停留，可以根据课文具体情境及前后关联，进行猜度；实在觉得困难就暂时跳过去，待读完全文后，自己查阅资料学习了解，或者再在老师的讲解下细细学习、深究。默读时还可以对关键语段进行勾画，以加深印象。在默读时能够进行分段的，粗略划分一下大层次，大致理一下作者的思路，这样可以提高阅读速度。

快读要扩大视域。一个字一个字阅读，肯定不能快速阅读。快读的时候要扩大视野扫视文字的范围，由一字到一行，由一行到多行或全段，不断提高阅读速度。

快读要会抓核心。譬如，就阅读记叙文而言，可通过抓住主要线索进行快读阅读。记叙文的叙述线索或是情节演进，或是人物行为，或是情感发展，或是重点实物，或是特有象征，要抓住其中的关键词语，带动整体阅读速度提升。在阅读时重点关注文章的标题、开头、结尾及文中关键信息、语句，就可以又快又好地阅读一篇文章。

只是，快速阅读的能力形成非一日之功，需要在老师的指导下和自己的阅读实践中经常加以锻炼。先进行单篇快读练习，再快速阅读整本书，拾级而上，步步提高。必要时还要调动自己的生活体验，快速把握作者的思路，争取达到较为深入的理解。

快读与浏览有相似之处。浏览时，也要目下十行，整体扫视文章内容，快速提取文本的主要信息。如果有着明晰的阅读任务，要笔到手勤，快速简要记录。浏览时要根据文章的内容、题材、体裁特点，随手圈出重要信息。尤其要重点关注文章的起领段、结束语、小标题、每一段的首句与尾句，以便加深对主要内容的理解。如果能在浏览的基础上有所质疑和思考，收益会更多。

三、关于朗读

在学习语文的过程中，朗读课文的活动是必不可少的，大家最为熟悉，不过，要想真正高水平地朗读一篇文章，也不是一件容易的事。

朗读首先要夯实基桩，读准字音，理解文中句子、段落的含义。在此基础上，对文本的时代背景、主旨大意、文化内涵等深刻把握。这是朗读的首要前提。

其次要学会揣摩语言。对文中修辞手法的应用、文章的语体特点等仔细琢磨，善于通过联想、想象，把语言文字描绘的情景在头脑中再现出来，强化内心的细致感受和细微感觉，做到朗读时景在眼前，人在其位，既能加深自己对文章的理解，又能给听众带来美感体验。

再者还要把握文章的感情基调。不同文章的情感或慷慨高昂，或低沉舒缓，或幽语凝噎，或深情款款，要在恰当深入理解的基础上，适时调整句子的语气强弱与节奏变化，提升朗读的感情传达效果。

最后要立足整体感知。朗读前先要把全文认认真真读一遍或几遍，对文章的主要内容有整体理解，从字里行间深入体会作者想要表达的思想感情，对那些蕴含着写作者丰沛情感的语句段落，更要细加体会，加入朗读者深刻的体验，这样能更好地把文章的情味和内蕴朗读出来，深深地感染读者。

平时，在生活和学习中，大家要仔细体会汉语自身的特点，比如，对其音调的抑扬顿挫、语音的轻重缓和、节奏的张弛急缓、词语的粘连停顿，以及句子的高低起伏等，有着基本准确的理解，如此就能把汉语的声韵之美以更加优美、更加艺术的形式朗读出来。

朗读作品的过程是一种再创造的过程，是和作者的情感碰撞、与作者的心灵对话的过程，也是培养良好语感、有效提高口头表达能力的过程。诗歌、散文、小说等文学作品较适合朗读，而典范、精华的古诗文名篇，更是朗读的绝佳素材。可以以此为突破口，不断加强练习，逐步提高朗读的艺术水平。

四、关于选读

互联网时代是信息爆炸的时代，引发了人们的生活方式变革。终身学习、继续教育、在线学习等新的学习方式应运而生。信息的积累、知识的增长远远超过社会个体的阅读接受能力，因此，我们在读书时必须加以选择，以获取自己最需要的信息。因此，选择性阅读的重要意义也越来越凸显。

选择性阅读是一种倾向性阅读，体现着阅读主体的理性遴选和区分甄别，它和为了休闲娱乐的随机阅读有所不同。选读可以读整本书（篇章）或一本书中的部分。阅读主体开始挑选图书的那一刻，就是理性选择判断开始的时刻。这种选择带着明确的目的性，为评价，为鉴赏，为事理，为解疑，为兴趣，为娱乐，为理解，为记忆……目的不同，选择的书籍不同。

选择性阅读常带着问题意识。这样不仅能够提高阅读的效率，更关键的是，选读不同类别的图书自然带着不同的问题。就是针对同一本书，在选择不同内容进行阅读的时候，关注点的选择也是不同的。问题的选择一般与自己关注的内容或思考的主题有关。读时可以先通读，整体感知大致内容；然后，再根据问题，选取关联问题的重点章节阅读。可以一次带着多个问题读，也可以一次阅读解决一个问题。把问题融入整体阅读与多频次选读互相结合的过程中，所获得的信息含量就产生了阅读之外的意义。

选择性阅读常和个人兴趣有关。除了学习、工作中必须要阅读的内容外，开展自主阅读、课外阅读时，最能体现一个人的阅读兴趣与关注点。这时读书的兴趣不为功利、不为名头，仅为自己的心灵寻觅一方净土，为自我的灵魂守望一片清净。

朱自清先生说："一个人读书受用，有时候却便在无意的浸淫里。"

谷林先生说："读书未必有成，因之也未必有用，但我以为这总是人间最好的东西，值得用最热切的感情去爱。""我以为真爱书的人，大体上不能接受'立竿见影'的观点。平时东翻西翻，不知不觉中有些沉淀，某一天会忽然在一件不相干的事情上触发，于是引出一些不同于旁人的感受，这或者还够不上王静安所说的'蓦然回首'，而读书意味，竟在此中。"

梭罗说："阅读是一种高尚的心智锻炼。"

怀着浓厚的兴味兴趣，痴心追求读书之乐，使书籍成为天然自然、发自内心的精神驰骛之处，成为生命存在的一种优雅自足方式。一旦踏进书籍的殿堂，深刻明亮的智慧之光便会点亮混沌的人生状态，阅读美感、表达自主、人生自由相随诞生，诗意的生活，畅意的写作，由此肇始。